FITNESS RUNNING

Richard L. Brown, PhD.

跑步健身

〔美〕理查德·L.布朗 著
黄力平 曹龙军 孟子瑜 王智海 译

天津出版传媒集团
天津科技翻译出版有限公司

著作权合同登记号:图字 02-2015-150

图书在版编目(CIP)数据

跑步健身/(美)理查德·L.布朗(Richard L. Brown)著;黄力平等译. —天津:天津科技翻译出版有限公司,2017.5

书名原文:Fitness Running

ISBN 978-7-5433-3672-8

Ⅰ.①跑… Ⅱ.①理… ②黄… Ⅲ.①跑-健身运动-基本知识 Ⅳ.①G822

中国版本图书馆 CIP 数据核字(2017)第 031824 号

授权单位:Human Kinetics
出　　版:天津科技翻译出版有限公司
出 版 人:刘 庆
地　　址:天津市南开区白堤路 244 号
邮政编码:300192
电　　话:022-87894896
传　　真:022-87895650
网　　址:www.tsttpc.com
印　　刷:北京博海升彩色印刷有限公司
发　　行:全国新华书店
版本记录:720×1020　16 开本　15 印张　300 千字
2017 年 5 月第 1 版　2017 年 5 月第 1 次印刷
定价:39.80 元

(如发现印装问题,可与出版社调换)

主译简介

黄力平

■ 主要教育经历

1983 年河北医科大学临床医学系毕业，获得医学学士学位

1991 年华东师范大学运动生理学专业硕士研究生毕业，获得教育学硕士学位

2001 年华东师范大学运动生理学专业博士研究生毕业，获得教育学博士学位

1991—2016 年曾多次到瑞典、日本、美国等国外研访进修，学习康复医学和康复治疗学

■ 主要学术经历

2003 年就职于天津体育学院，从 2004 年始，担任天津市重点学科——运动人体科学学科“运动康复医学与健康促进”研究方向学术带头人。2011—2016 年间担任天津市重点学科——康复医学与理疗学学科带头人，天津市品牌专业——运动康复专业带头人。近 5 年承担国家级和省部级多项研究课题，研究兴趣主要集中在慢性病运动康复方法优化、机制研究。撰写学术论文 20 多篇。担任中国康复医学会理事、天津康复医学会副会长、中国运动医学会委员学术兼职。

关于作者

理查德·L. 布朗博士(Richard L.Brown, PhD),专业教练与运动生理学家。他曾担任各个年龄、各个阶段跑步者的教练,从高中学生到专业运动员,从初学跑步者到奥林匹克运动员及世界冠军。

布朗曾担任很多出色世界级运动员的私人教练,他们包括 Shelly Steely, Suzy Favor Hamilton, Vicki Huber, Mary Decker Slaney 等。他尤其知名的是指导 Slaney 在 1983 年赫尔辛基世界锦标赛上获得了两枚金牌。他是少数的几位能够同时担任夏季、冬季奥运会及残奥会教练之一。他在最近的六次奥林匹克赛事和奥运会预选赛都担任了运动员教练。

布朗的运动教练职业生涯开始自 1963 年,当时他担任马里兰州 Bullis 预备学校的三项运动教练。之后他分别执教在美国海军学院、缅因州蓝山高中,然后在著名的美国西部运动队担任教练和运动生理学指导。1983 年,布朗成为世界锦标赛美国队的首席教练,自此他开始独立执教。他已被美国田径界认定为金牌教练。

1992 年布朗从俄勒冈大学取得了运动与生理科学的博士学位。他是前两版《跑步健身》的作者,同时在运动与健康领域的诸多知名期刊上发表文章。他在有关跑步与健身方面的演讲和培训受到广泛欢迎。

2001 年布朗成立了尤金健康与运动基金会,旨在推动国际化的运动与健身。他现居美国俄勒冈州尤金市,仍在不断促进基金会事业。

译者序

理查德·L.布朗(Richard L. Brown)曾担任7位美国奥林匹克优秀田径运动员的教练,被誉为美国田径界“金牌教练”,具有训练高水平奥林匹克长跑、马拉松运动员的丰富经验,同时也著有大量对大众健身者进行跑步锻炼指导的实用书籍,多年来专注于教授人们如何通过科学、有序的锻炼实现坚持运动、体育健身的目的,尤其是教授运动生理学指导下的运动锻炼方法,实用性非常强。《跑步健身》(*Fitness Running*)第3版于2015年出版(1994年和2003年分别是第1、2版),是他最新出版的指导人们从开始跑步到成为马拉松运动员的科学健身专著。在时下马拉松跑风靡全中国,而损伤意外常有发生的情况下,阅读本书尤其有现实意义,可使广大跑步爱好者,尤其是长跑、马拉松运动者从中受益,提高兴趣和成绩,减少不必要的损伤及运动性疾病发生。

该书分三部分介绍跑步健身,首先从跑步的运动生理学与训练、评价跑步者的有氧适能方法以及如何做好跑步前的准备工作等方面做了介绍;其次,详细讲述了几十个实用的运动训练方案,并指导人们如何根据自身体适能和目标选择合适的方案,如何在跑步训练中合理饮食以及营养、补水等问题;最后,该书给出了分别针对于跑步锻炼、半程马拉松、马拉松等的具体训练计划,简述了有关跑步运动损伤和疾病的基本防护知识。

因此,我认为这本书可以作为跑步爱好者的专业宝典,放在手边,时常查阅,必有裨益。

黄力平

前言

《跑步健身》(第 3 版)是为喜欢跑步或者想开始学习跑步的人所写,适用于各种水平的跑步锻炼者。

跑步是最自然、有趣并富有成果的运动,每个人都能参加。我们人类的身体构造就是用两腿在大地上行走的,因此,跑步是我们与大自然亲密接触、感受自由、摒弃杂念、尽情呼吸的活动;它是一项使我们随时探索身边新城市、新乡镇的活动,跑步会使我们发现平时很多忽略的事情;就算是在糟糕的天气,跑步过后您也会觉得身心愉悦;跑步是我们增进健康和保持健康最自然的方式。

《跑步健身》全书共分三篇。第一篇,跑步前准备,主要讲解跑步服装、鞋子、跑步方式、热身、整理技术以及跑步锻炼适应过程方面的内容,此外,还特别对不同年龄阶段的女性跑步时可能遇到的问题进行了详细讲解。

最大摄氧量是评价跑步健身效果的最重要指标,在此进行了详细介绍。为初学者和高水平跑步者提供了详细的装备建议,力求装备完善,又不会花费太多。深度讲解了跑步方式,介绍了穿薄底鞋和赤足跑的利与弊,并以贴合实际的方式讲解了 Hans Selye 运动适应理论及其在跑步中的应用。

第二篇,跑步训练计划,逐步引导您根据自己的锻炼目标和自身特点设计一个有效的跑步锻炼计划。您可从本篇学到 10 种跑步锻炼方案,如 Peter Thompson 创立的间歇训练法,进行跑步训练前后应该做哪些事情,为什么要做交叉训练和怎样做交叉训练,以及如何记录跑步日志等。

本篇也为您提供有关拉伸、营养补充、恢复指征监测和水中交叉训练的原理等详细信息。

第三篇,跑步训练方案。本篇将提供具体的运动方案以达到预期的锻炼目标,为初学者、已经适应的跑步者、参加短程跑步比赛者、半程马拉松跑训练者和马拉松跑训练者提供专属的每天跑步计划以及每周跑步计划。在本篇最后一章介绍比赛后恢复及损伤后恢复训练方法，这些是任何跑步方案的重要组成部分，使您具备如何尽快恢复体能、愈合损伤的关键知识。

我们采用不同深浅的颜色标明运动强度，使您一看便知每个训练方案的挑战程度如何。跑步训练方案的时间表也是灵活的，锻炼的运动强度是经过计算的，并且预先对应于您每天或每周的训练需要。在训练时间表边缘还提供了一些注意事项以及一些训练和比赛方案实例。

我编写这本书的目的是促使您让跑步成为生活中的一项挑战与享受。无论您是单纯跑步锻炼，还是因为兴趣而跑步，或是为了追求自己的最好成绩，又或是想成为优秀运动员，书中的跑步训练的原则对您都适用。我希望您通过阅读本书，利用书中讲述的翔实信息，能够更好地享受跑步过程，改善体能，提高健身跑步能力。

致谢

我真诚地表达对 Joe Henderson——本书前两版的合作作者的谢意；表达对 Peter Thompson 职业精神的敬意和提供跑鞋支持的感谢；本书精美的照片都出自 Eric Evans，而 Christina Rpgers, Jennifer Deluca, Diego Mercado 和 Dan Kremske 是书中照片的模特，Jim Hill 为本书模特提供服装，十分感谢他们。

计量单位说明

书中介绍的长度、体重、计时，以及相关的图表等，有些采用了英制单位。由于这些单位在世界范围内的该领域中使用极为普遍，并已被业内人士共同认可，故在中文版中仍沿用原书的计量单位。这样做一来行文方便，二来也便于业内的互动交流。换算成我国的法定计量单位时，请参照下列换算式：

长度：1 英寸(in)=2.54 厘米(cm)
1 英尺(ft)=12 英寸(in)=0.3048 米(m)
1 码(yd)=0.9144 米(m)
1 英里(mi)=1.6 千米(km)

重量：1 磅(lb)=0.454 千克(kg)

血压：1 毫米汞柱(mmHg)=0.1333 千帕(kPa)

血糖：1 毫克/分升(mg/dL)=0.0555 毫摩尔/升(mmol/L)

热量：1 卡路里(cal)=4.186 焦耳(J)

目录

第一篇 跑步前准备

第二篇 跑步训练计划

第三篇　跑步训练方案

第一篇

跑步前准备

人的身体知道怎样跑步。人类是跑步的动物。孩子降生后在他们迈出第一步后不久就会跑步了。这是生物进化的结果，也是我们祖先留下的生存本能。尽管不是所有的人都会一直跑到成人阶段，但我们都熟悉跑步的基本技巧，那就是两脚前后交替行进，速度比闲逛、散步快得多。

所以这本书不是要回答您，我该怎样跑步？而是我怎样跑得更好、更安全？怎样使跑步融入我的生活？答案取决于您是谁、您的目标是什么。

也许您上一次在赛道上跑步是在高中时候了，也许您的体重也增加了不少。您不运动的时间越长，就越需要花更多时间、更用心地运动以恢复到从前跑步时的体型，但这是可以做到的！本书将告诉您安全、有效、科学地健身跑的途径。

也许您已经开始跑步，每天在社区中跑两英里，但可能不像从前那样对自己的成绩满意了；也许您觉得跑步在身体和精神上不再有新鲜感，变得乏味了；或者您注意到跑步损伤也时有发生。本书将告诉您避免肌肉拉伤以及为跑步重新注入活力的方法。

也许您跑步毫不费力，但您想从中收获更多。您看到当地举办 5 千米长跑告示的时候跃跃欲试，按照本书的运动计划进行训练，您将享受比赛过程，比赛将不仅是一项挑战，还是一次有益的社交活动。

也许您已经开始赛跑，但希望跑得更远更快，目标是提高个人 5 千米跑最好成绩，或是下次要跑到 10 千米，或是增加跑步距离直到能够完成半程马拉松或全程马拉松，本书将教您如何在赛跑时更安全、更快速。

本书第一篇将是您享受跑步、提高成绩的基础。它将帮您：

- 评价跑步前的健康状况（第 1 章）；

- 选择适当的跑鞋、服装和其他装备，使您跑步更安全、舒适（第 2 章）;
- 重新定义您的跑步方式，使跑步更有效，进步更快（第 3 章）;
- 了解 Selye 运动适应理论的基本理念，学会避免过度疲劳（第 4 章）;
- 将其融入日常生活习惯，有助于身体快速恢复和适应训练（第 5 章）;
- 充分了解女性在训练和运动能力方面与男性存在的差异（第 6 章）。

1

跑步前健康评估

开始跑步训练之前的首要任务是确定您的健康水平:您的健康状况如何?身体适应能力怎样?这些问题对初学者以及很有经验的跑步者都适用。

健康(Health)与体适能(Fitness)并非同义词,健康意味着没有疾病或损伤,体适能是身体进行特定运动活动的能力。尽管您可能在没有疾病或损伤的意义上是健康的,但您可能仍然不具备参加跑步的能力。同理,您可能有很好的体适能从事跑步,但若您同时有慢性疾病或损伤,那就是不健康的。

通过完成一个简短的跑步体适能问卷,或一个简单的跑-走运动试验就能够知道您的体适能情况。请记住:这些评估只有当您提供的信息准确时才能真正起作用。如果您在评估表中忽略了关键项目,过高估计了您的运动能力,或是在跑-走试验中过分用力,您的起点就会过高,并最终导致发生危险或产生挫败感。为了尽量减少这些问题,比如损伤、疾病或过度训练,并使训练效果最大化,要从适合您的水平开始。对自己诚实,让调查结果告诉您从哪里开始。

健康与体适能问卷

请花一点时间仔细想想您的健康史和运动情况,然后认真阅读以下健康与体适能相关的15个问题,选择最符合您情况的选项,将每项得分填写到表1.1的各项描述中,然后计算总分,再用表1.2确定您开始进行跑步训练的起点。

1.心血管健康评估:在进行较大强度的运动之前评估心血管健康情况是重要的安全保证。*注意:*如果您有心血管疾病史或年龄大于35岁,在开始跑步锻炼或训练计划前必须接受医生的建议或得到医生的允许。下列几项描述中哪项最符合您的实际情况?

□我没有心血管病史。(3 分)

□有过心血管病史,但现在已经治愈。(2 分)

□存在这方面问题,但很轻微不需治疗。(1 分)

□我的心血管疾病正在治疗中。(0 分)

2.损伤评估:这方面评估主要是了解骨骼肌肉系统是否能够承受跑步锻炼计划。如果您有损伤但只是暂时的,应该等到损伤愈合后再开始跑步锻炼计划。如果您有慢性损伤,则需要进行交叉训练。下列几项描述中哪项最符合您的实际情况?

□目前我没有损伤。(3 分)

□有短暂的小损伤,不影响我参加跑步运动。(2 分)

□有短暂的急性损伤,影响我参加跑步运动。(1 分)

□有慢性损伤,不能参加高强度训练。(0 分)

3.疾病评估:急、慢性疾病可能妨碍、延迟或中断您的跑步训练计划。请咨询医生您是否存在限制您参加跑步运动的疾病。下列几项描述中哪项最符合您的实际情况?

□我没有疾病。(3 分)

□有短暂的小病,不影响我参加跑步运动。(2 分)

□有短暂疾病,影响我参加跑步运动。(1 分)

□有慢性病,不能参加高强度训练。(0 分)

4.年龄评估:一般来讲,越年轻体力越好,年龄影响身体活动能力,因此是需要考虑的因素。您属于哪个年龄段呢?

□<25 岁(3 分)

□26~0 岁(2 分)

□41~50 岁(1 分)

□>50 岁(0 分)

5.体重与 BMI 评估:超重是造成体能较差的重要原因,因为超重需要心脏泵血到肌肉及各个器官以外,还需要泵出更多血到多余的脂肪组织。超重也对骨骼肌肉系统造成过重负荷,引起全身炎症,增加血液黏滞性,是心血管疾病的重要预测因素。而体重过轻也对人体产生多种不利影响,特别是内分泌系统。BMI(体质指数)是衡量人体成分的指标,等于体重(kg)除以身高的平方(m^2)。从图 1.1 中可以看出您的体重与 BMI 是否在健康的范围内。BMI 可用下列公式算出:

$$703\times[体重(lb)\div身高^2(in^2)] \quad 或者 \quad 体重(kg)\div身高^2(m^2)$$

脂肪与肌肉组织的相对比例也是健康的重要考虑内容,肌肉型人可能其体重或

BMI 超标,而有些体重在正常范围内的人脂肪可能超标,而肌肉较少。当考虑BMI时应该用肌肉与脂肪百分比来调整，才能分辨您是肌肉型还是脂肪型。您现在的BMI 是多少?

□18.5~25(3 分)

□17~18.4 或者 25.1~27.5(2 分)

□15~16.9 或者 27.6~31.5(1 分)

□<15 或者>31.6(0 分)

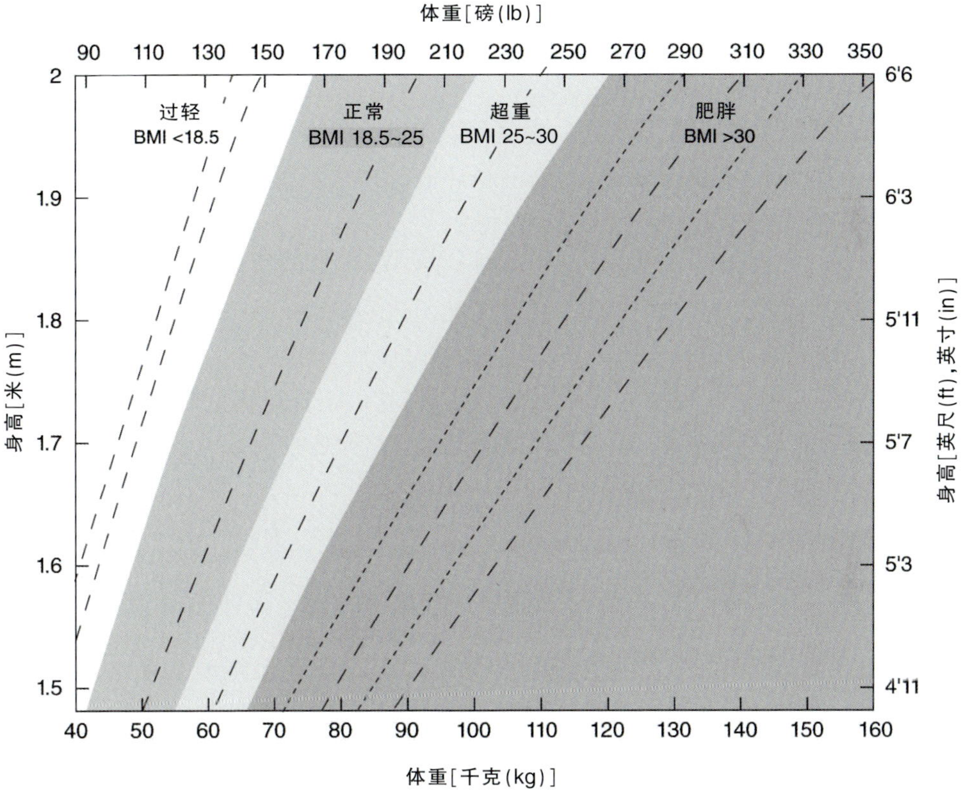

图 1.1 尽管 BMI 不是一个精确的测量工具，但它可粗略地评估人体成分。图中虚线表示在 BMI 大分类中的亚分类。(Reprinted from Wikipedia, 2014, Body mass index.[Online]. Available: http://en.wikipedia.org/wiki/Body_mass_index[July 16, 2014]. Data from World Health Organization, 2006, Global database on body mass index.)

6.静息心率评估:有良好运动锻炼者静息心率会比体力差的不运动者偏低且效率高。测定静息心率时要在您一早醒来未起床时进行,您可以在大拇指下方的腕关节桡动脉处触摸测定静息心率,或在下颌骨下的颈部触摸颈动脉获得。将食指和中指轻轻地放到动脉处计数 60 秒。那么您的静息心率是多少?

□<60 次/分钟(3 分)

□60~69 次/分钟(2 分)

□70~79 次/分钟(1 分)

□>80 次/分钟(0 分)

7.睡眠评估:睡眠是评估您运动恢复与改善的关键因素。下列几项描述中哪项最符合您的睡眠情况?

□睡眠很好,有充足的睡眠。(3 分)

□睡眠尚好,有时睡眠量不够。(2 分)

□睡眠不好,经常夜里醒来并很难再入睡。(1 分)

□有严重的睡眠问题。(0 分)

8.营养状况评估:营养均衡的饮食是运动恢复与改善的另一个关键因素。从很多方面来说,您吃的食物造就了您。您的身体能分辨出油炸快餐和有机苹果之间的区别。下列哪项描述最符合您的饮食习惯?

□我吃饭规律、平衡膳食,每日吃早餐。(3 分)

□多数情况下我吃富有营养的平衡膳食。(2 分)

□我常吃一些不健康的饮食,吃得过多或过少而且没规律。(1 分)

□我的饮食中包含较多脂肪、糖、富含热量,吃饭不是过多就是过少。(0 分)

9.吸烟习惯评估:吸烟是健康与体能的大敌,下列哪项符合您的吸烟习惯?

□从不吸烟。(3 分)

□从前吸烟,现已戒烟。(2 分)

□偶尔吸烟。(1 分)

□经常吸烟。(0 分)

10.业余时间评估:您是否有业余时间或抽出时间参加跑步锻炼对设定跑步目标以及实现该目标至关重要。下列哪项符合您参加健身跑步计划所能抽出的时间呢?

□有充足的时间参加跑步锻炼。(3 分)

□有比较充足的时间参加跑步锻炼。(2 分)

□没有充足时间参加跑步锻炼。(1 分)

□几乎没有时间参加跑步锻炼。(0 分)

11.支持系统评估:在设定跑步锻炼目标及如何实现时也要考虑支持您坚持下去的因素,包括家庭、朋友、同事、周围可利用的运动设施等。您可自问,与您一起生活的人很高兴看到您出去跑步吗?或者您出去跑步会令他们不愉快吗?您跑步的支持系统是怎样的?

□我有非常好的支持系统。(3 分)

□我有较好的支持系统。(2 分)

□我的支持系统不太理想,可以改善。(1 分)

□我没有好的支持系统。(0 分)

12.最近跑步情况评估:您过去的跑步状况对您参加跑步训练计划以及能达到的水平也有影响。上个月您的跑步情况如何?

□我能连续跑 4 英里(6.4 千米)。(3 分)

□我能连续跑 2~3 英里(3~5 千米)。(2 分)

□我只能跑不到 2 英里(3 千米)。(1 分)

□我最近没有跑步。(0 分)

13.跑步背景评估:跑步运动获得的体能效果不是永久的,但是跑步锻炼历史可能意味着您能够再次开始跑步训练。下列哪项描述符合您的情况?

□在过去一年中我规律地进行跑步运动。(3 分)

□一两年前我曾规律地跑步。(2 分)

□两年多前我曾规律地跑步。(1 分)

□我从未规律地跑步。(0 分)

14.相关运动评估:如果您参加过其他运动,对您成功地参加跑步训练有益,并且与跑步这种有氧运动类型越相关(如骑车、游泳、越野滑雪以及快步走),训练效果迁移作用就越好。下列哪项内容符合您的情况?

□我规律地参加相关有氧运动锻炼。(3 分)

□我规律地参加较低强度的相关有氧运动。(2 分)

□我规律地练习无氧运动,如力量锻炼或瑜伽。(1 分)

□我没有规律地进行过任何体育锻炼。(0 分)

15.起始水平评估:请问您认为您开始跑步训练的起始水平是什么?诚实地回答这个问题很重要!不要不负责任地给出超出自身水平的答案。

□我现在能参加激烈的跑步比赛。(3 分)

□我现在能参加一般的跑步比赛。(2 分)

□我现在能参加跑步健身运动计划。(1 分)

□我已经做好开始参加跑步训练计划的准备。(0 分)

表 1.1　健康与体能评估打分表

体能分类	分数
1.心血管健康评估	
2.损伤评估	
3.疾病评估	
4.年龄评估	
5.体重与 BMI 评估	
6.静息心率评估	
7.睡眠评估	
8.营养状况评估	
9.吸烟习惯评估	
10.业余时间评估	
11.支持系统评估	
12.最近跑步情况评估	
13.跑步背景评估	
14.相关运动评估	
15.起始水平评估	
总分	

表 1.2　根据健康与体能评估打分决定开始跑步训练的起始水平

总分	推荐起始水平
37~45 分	可从任何水平开始
28~36 分	从半程马拉松、短跑或体能提升训练计划开始
19~27 分	从体能提升训练计划或初学者跑步计划开始
10~18 分	从初学者跑步计划开始
0~9 分	与医生讨论训练计划，听取医生意见是否开始

氧利用效率与健身跑步

最大摄氧量($\dot{V}O_2max$)是测定您应从哪种起点开始跑步训练计划的另一种方式。$\dot{V}O_2max$ 测定可以采用跑步机试验完成，也可利用实验室外 Cooper12 分钟跑-走试验获得，有关该试验会在本章后半部分详细解读。在讨论$\dot{V}O_2max$ 测试之前，我们先综述一下身体是如何摄入氧、处理氧和氧利用有效性对跑步以及享受健康生活的影响。

胸廓肌肉以及膈肌收缩改变了胸腔内外气压差，使肺脏收缩并扩张，吸收空气中的氧气进入身体。当膈肌上提时，肺脏收缩，肺压增加，肺内气体被排出，而膈肌下降时，肺扩张，肺压下降至低于大气压，气体吸入肺内（图 1.2）。

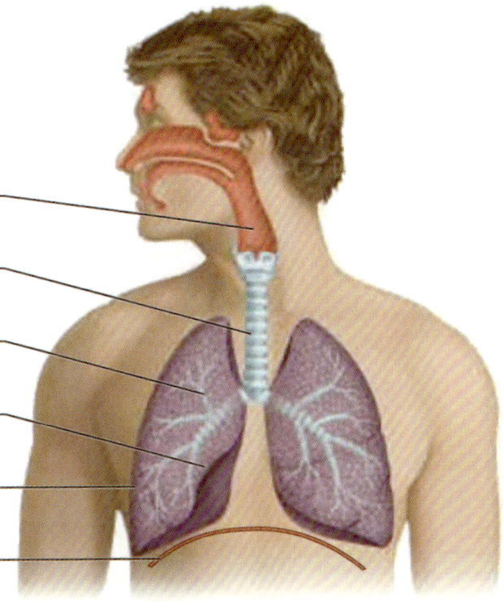

图 1.2　当膈肌下降时，氧气吸入肺内。

我们可以快速检查您的呼吸是否正常：当您呼气时腹部应内收，而吸气时腹部膨出。如果不是这样，您就应该重新学习一下腹式呼吸，孩提时都是腹式呼吸。这将有助于您跑步时更有效地利用氧。

当气体吸入肺内后，氧气通过肺泡转运给红细胞。红细胞含有血红蛋白，血红蛋白分子富含铁，可与氧结合。红细胞携氧回到心脏，通过心脏泵血到全身血管。

携氧红细胞穿过逐级变细的血管到达毛细血管，此处为各个细胞都可进出的狭窄血管，将氧气从红细胞释放入组织细胞。

氧气一旦进入组织细胞内就会马上进入到细胞能源加工厂——线粒体。线粒体产生能量驱动细胞持续工作。能够为细胞提供的氧量以及细胞线粒体利用氧产生能量的能力就是决定您的健康以及跑步能力的重要指标，即摄氧量（$\dot{V}O_2$）。

其中 V 代表容积，O_2 就是氧气，V 上的点代表持续时间。$\dot{V}O_2$ 就是一段时间内氧的利用量，单位是每千克体重每分钟所利用氧的毫升数［mL/(kg·min)］。

比如：某人体重 70 千克，10 分钟内轻松慢跑耗氧 7350 mL，请问他的 $\dot{V}O_2$ 是多少？

7350 mL÷70 kg÷10 min=10.5 mL/(kg·min)（$\dot{V}O_2$）

这个人慢跑时利用的

图 1.3　这 4 个大水瓶能盛放约 8000mL氧气。

7350mL 的氧气可以充满 4 个大水瓶(图 1.3),静止不动时这个人可能只需 2450mL 氧气就足够了。

$\dot{V}O_2max$ 是一个人每分钟所能利用的最大氧容量。$\dot{V}O_2max$ 增加,您的运动能力就提高。$\dot{V}O_2max$ 是由遗传因素和生活方式共同决定的。许多世界级赛跑运动员的 $\dot{V}O_2max$ 始终远高于你我这样的常人,即使他们停训后也是如此,我们持续训练也还是会低于他们,因为他们在这方面具有非常优秀的遗传素质。

图 1.4　体育运动会减缓因年龄增长而带来的 $\dot{V}O_2max$ 下降。

随着年龄的增长 $\dot{V}O_2max$ 会下降,一般来讲每 10 年下降 10%(图 1.4)。然而,健康睡眠、合理营养以及积极运动可减缓 $\dot{V}O_2max$ 下降速度。

让我们以相同体重(如 70 kg)的两个同龄人的 $\dot{V}O_2max$ 数据做比较来说明。其中一人体力较差,$\dot{V}O_2max$ 为 30mL/(kg·min),而另一位体力极好,$\dot{V}O_2max$ 为 80mL/(kg·min)。两位都拼全力完成了 10 分钟跑步过程。请记住摄氧量直接与能量的转换有关,因此,更大的摄氧量意味着运动时呼吸和肌肉所能使用的能量更多,能量也直接与跑步距离相关,表 1.3 给出了不同 $\dot{V}O_2max$ 水平所展现的运动能力,如果 $\dot{V}O_2max$ 代表氧利用好的话,那么可以说那位体力好的人比体力差的人多用 2.67 倍的氧。

就本书目的而言,$\dot{V}O_2max$ 有 5 个作用:

1. 反映心肺系统健康状况。
2. 能够精确地表明跑步训练的起始点。
3. 评估跑步训练的进步。
4. 提示训练节奏。
5. 预测运动成绩。

Jack Daniel 博士建立了一个 $\dot{V}O_2max$ 与跑步能力的相关表。20 世纪 70 年代末到 80 年代中期,当我在耐克田径俱乐部西部运动员训练中心做运动生理学家时,我还不能确信 Daniel 表对运动员成绩预测的准确性,但 1 个月后 Henry Rono 跑出 3000 米世界纪录(7 分 32 秒)、5000 米世界纪录(13 分 08 秒)和 10 000 米世界纪录(27 分 22 秒)时,每一次 Daniel 表上数值都是 $\dot{V}O_2max$ 为 81.1。

表 1.3　$\dot{V}O_2max$ 对跑步能力的影响

	$\dot{V}O_2max30$	$\dot{V}O_2max80$
每分钟可利用氧量($\dot{V}O_2max$·wgt·min)	21 000mL	56 000mL
10 min 跑步距离	0.92 英里	2.48 英里

当您知道自己的$\dot{V}O_2max$值后，就可以计算出以不同百分比的$\dot{V}O_2max$水平运动所能达到的效果(见表 1.4)。以 60% $\dot{V}O_2max$ 开始跑步时，会出现由费力到轻松的跑步反应，这是身体对运动这个应激元产生的正常反应表现，在这个水平您将逐渐达到训练目标。若以 65% $\dot{V}O_2max$ 水平训练，您会看到可测出的心肺反应表现，而到达 75% $\dot{V}O_2max$ 水平训练时会达到更好的稳定状态，即能够跑步时间更长，心肺耐力更有效地持续改善。在 85% $\dot{V}O_2max$ 水平，您已经具备了通过无氧阈的能力，在这个水平身体不能进一步有氧地产生足够能量，开始无氧供能。在大约 87.5% $\dot{V}O_2max$ 水平，身体组织细胞会产生需要处理的过多 H^+离子，细胞乳酸生成能力大于其清除能力，引起细胞 pH 值下降，身体开始出现不适，“就像有只大熊跳上您的后背”。

您也可以通过自身感受到身体所承受的挑战、呼吸频率、能否讲话等来估测此时运动的$\dot{V}O_2max$的百分比强度，但要记住此时需要诚实而不是勇敢。

最后，并且也许最重要的是，保持积极活动才可能产生$\dot{V}O_2max$提高的有益效应，表 1.5 列出了积极运动者与不运动者$\dot{V}O_2max$随着年龄的变化，假设他们都从 25 岁时$\dot{V}O_2max$为 50mL/(kg·min)开始。

一位积极运动的 75 岁长者的$\dot{V}O_2max$几乎总是比同龄不爱运动者高 40%，您可以想象一下他的细胞能够比后者多用多少额外的氧呀。

因此，在这部分里，我们想强调的是$\dot{V}O_2max$是一个很好的评估身体活动能力的标准，因为它反映了：

1. 肺从大气中摄取氧的能力。
2. 血液摄取氧的能力。
3. 心脏泵出富氧血液到血管的能力。
4. 血管将氧运输到各个组织细胞的能力。
5. 细胞从血液中汲取氧并传送到线粒体的能力。
6. 线粒体利用氧产生能量和通过血管运送二氧化碳排出到大气中的能力。

了解了这些有关氧气和$\dot{V}O_2max$的背景知识，您就能够用 Cooper 跑-走试验来评估您的体能水平了。

Shelly Steely

Shelly steel 在 1992 年美国奥林匹克预选赛上

这里，我以 1985—1996 年间我指导的运动员 Shelly Steely 的 $\dot{V}O_2max$ 变化情况为例，说明 $\dot{V}O_2max$ 与跑步能力的关系。Shelly 在 1991 年和 1993 年获得了 3000 米世锦赛冠军，在 1992 年巴塞罗那奥运会获得了第七名。

当我与她一起工作时，她的 $\dot{V}O_2max$ 是 65 mL/(kg·min)，能够用 9 分 09 秒跑完 3000 米，每周能够以 75% $\dot{V}O_2max$ 强度跑完 250 分钟。这些指标决定了她开始跑步训练的**起始水平**。

即使像 Shelly 这样天才的长跑运动员，我们也要仔细地帮她设计训练计划以保持她的健康。这其中我们认识到耐心是个无价之宝。到 1992 年时她能够达到每周以 84% $\dot{V}O_2max$ 强度跑完 490 分钟的耐力水平，她的 $\dot{V}O_2max$ 是 72mL/(kg·min)，在试验时，她能用 8 分 41 秒跑完 3000 米，通过监测她的最大摄氧量变化可看出这几年**她的进步**。

我们知道 Shelly 该以怎样的节奏进行不同距离的训练，因为我们了解她的 $\dot{V}O_2max$。例如 1985 年，Shelly 能用 80 秒时间跑完 400 米，完成 5×5 分钟的跑步训练计划，而在 1992 年她能在 75 秒内完成同样距离的跑步训练任务。

对其 $\dot{V}O_2max$ 的了解能帮助我们选择合理的比赛训练目标，就在 1991 年美国锦标赛之前，Shelly 能以 4 分 08 秒跑完 1500 米，她的 $\dot{V}O_2max$ 是 67.5mL/(kg·min)，这个最大摄氧量水平让我们**预计**她能够用 8 分 51 秒跑完 3000 米。根据预测，我们为她做出这样的计划：比赛全程的前 60%要以 8 分 51 秒的速度跑，看她怎样达成比赛预期目标，结果她以 8 分 47 秒赢得了全国冠军。

表 1.4　用力程度与最大摄氧量的相互关系

%$\dot{V}O_2max$	用力状态	挑战性感受	呼吸频率	讲话状态
60	费力到轻松	中等程度	注意不到	容易讲话
65	心肺获益	较强程度	注意不到	较难讲话
75	稳定状态尚稳定	较强程度	呼吸加深	更难讲话
85	无氧阈水平	非常强烈加快	呼吸加深	非常难讲
87.5	乳酸堆积	非常剧烈	加深加快	不能讲话

表 1.5　运动对年龄相关的$\dot{V}O_2max$ 的影响

年龄(岁)	不积极运动者($\dot{V}O_2max$)	积极运动者($\dot{V}O_2max$)
25	50	50
35	45	48
45	40.5	46.1
55	36.5	44.1
65	32.8	42.5
75	29.5	40.8

Cooper 12 分钟跑–走试验

医学博士 Kenneth Cooper 是有氧耐力体能评估的权威领军人物，一直推荐使用 12 分钟跑–走试验估测$\dot{V}O_2max$。这个试验的结果与那些在实验室中复杂的测量所得到的结果十分吻合。在开始跑步训练计划之前进行这项测试将帮助您确定最适合于您自己的运动水平,在本书后半部分还将用到该试验以决定您的训练节奏。

首先请注意,如果您的健康状况评估卷结果为“应与医生商谈是否可以开始训练计划”,请不要进行此项测试。其次,本试验结果一般略低于跑步机测定的$\dot{V}O_2max$水平,但是,这种测试更安全、体验性更好,因为跑步机测试会强迫您达到自己的最大有氧能力水平,同时设备也未必舒适。因此,我把从跑–走试验测定的$\dot{V}O_2max$ 称为“训练最大摄氧量”,因为它不会过高,更安全。

Cooper 12 分钟跑–走试验的目标是要求您在 12 分钟内跑或走尽可能长的距离，可在操场跑道上，或经过仔细测量距离的一条平坦街道上进行。标准跑道为 400 米,4 圈等于 1600 米,即 1 英里。记下您跑或走过的距离。您可以自己计时,也可以让助手帮您计时。

1.试验前开始试热身 5~10 分钟,快走或原地跳,或是进行更动感一些的开合跳，不要静态拉伸。

2. 开始跑，以自己认为可以保持 12 分钟的速度进行。

3. 在感觉必要时走路。

4. 如果可能，在最后 1~2 分钟适当加快跑步步伐。

5. 跑步结束时应感觉到疲劳，但不要到力竭程度。

6. 之后再次测试时您应该是兴奋地期待，而不是焦虑做该试验。

从表 1.6 中查阅您跑步的距离，确定您开始跑步训练的起始水平。如果本试验结果推荐的训练起点与本章之前进行的健康与体能评估表推荐的训练起点有冲突，以此试验结果为准。

如果测试结果较低，不要沮丧，考虑如下两点：首先，这个试验的打分仅仅是帮助您确定训练的起点，试验结果越低，后期训练见效的空间越大；第二，该结果告诉您现在的实际情况，为您选择训练计划奠定了现实的基础。表 1.7 更完整地列出了跑-走试验中所测距离或跑步节奏与 $\dot{V}O_2max$ 的对应关系。

了解以什么水平开始跑步训练计划对能否成功地完成目标至关重要。当您坚持跑步后，$\dot{V}O_2max$ 会相应提高，您可以在训练期间重新进行体能问卷评估或Cooper 试验，以调整训练方案。在第二篇中我将告诉您如何根据最近的跑步比赛成绩确定新的 $\dot{V}O_2max$。

表 1.6 根据 12 分钟跑–走试验结果确定跑步训练计划的起始水平

跑步距离	开始训练起点	$\dot{V}O_2max$ 水平
<1 英里(1.6km)	咨询医生	<23.9mL/(kg·min)
1~1.24 英里(1.6~2km)	初学者跑步计划	24~30.9 mL/(kg·min)
1.25~1.49 英里(2~2.4km)	初学者计划 提高体适能计划	31~37.9 mL/(kg·min)
1.50~1.74 英里(2.4~2.8km)	提高体适能计划 半程马拉松计划	38~45.9 mL/(kg·min)
≥1.75 英里(≥2.8km)	任何计划	≥46 mL/(kg·min)

表 1.7 根据 12 分钟跑–走试验距离确定 $\dot{V}O_2max$ 水平

圈数	英里(分钟/英里)	千米(分钟/千米)	$\dot{V}O_2max$[mL/(kg·min)]
3.75	0.94(12:46)	1.5(8:00)	22
4.0	1.0(12:00)	1.6(7:30)	24
4.25	1.06(11:19)	1.7(7:04)	25
4.5	1.13(10:37)	1.8(6:44)	27

(待续)

（续表）

圈数	英里（分钟/英里）	千米（分钟/千米）	$\dot{V}O_2max$[mL/(kg·min)]
4.75	1.19(10:05)	1.9(6:19)	29
5.0	1.25(09:36)	2.0(6:00)	31
5.25	1.31(09:07)	2.1(5:43)	33
5.5	1.38(08:42)	2.2(5:27)	35
5.75	1.44(08:20)	2.3(5:13)	37
6.0	1.50(08:00)	2.4(5:00)	38
6.25	1.56(07:42)	2.5(4:48)	40
6.5	1.63(07:22)	2.6(4:37)	42
6.75	1.69(07:06)	2.7(4:27)	44
7.0	1.75(06:51)	2.8(4:17)	46
7.25	1.81(06:38)	2.9(4:08)	48
7.5	1.88(06:23)	3.0(4:00)	50
7.75	1.94(06:11)	3.1(3:52)	52
8.0	2.00(06:00)	3.2(3:52)	54
8.25	2.06(05:50)	3.3(3:45)	56
8.5	2.13(05:38)	3.4(3:31)	58
8.75	2.19(05:29)	3.5(3:25)	60
9.0	2.25(05:20)	3.6(3:20)	62
9.25	2.31(05:12)	3.7(3:15)	64
9.5	2.38(05:03)	3.8(3:10)	66
9.75	2.44(04:55)	3.9(3:05)	68
10.0	2.50(04:48)	4.0(3:00)	70

2 跑步装备

跑步令人着迷之处之一就是它的简易性。世上还有什么运动比蹬上一双跑鞋，套上一件舒适的衣服，冲出门就去跑步的事更简单的呢？

跑步需要买的装备也很少，并且相比其他大多数运动项目都更便宜。本章主要向您推荐如何选择跑鞋、服装以及一些附属用具，以使跑步更安全、舒适和更加乐在其中。

在跑步的装备中跑鞋是最首要的，同时，在一定时期内，你所需准备的就只有这个了。就算你没开始跑步，衣柜里的大部分衣服都可拿来所用。在您刚开始训练时，几乎所有轻薄、宽松的衣服都行。但是想要安全地跑出好成绩，没有一双好的跑鞋肯定不行。

跑鞋

以前跑鞋款式大同小异，跑步者只需决定鞋型和时尚就好。但现在，选择多种多样，包括常规跑鞋、极简跑鞋甚至是赤脚跑。以下背景资料将帮助您理清众多的选择并从中决定最适合自己的。

跑步的发展历程

首先，我们花点时间看看我们的祖先是怎样跑步，有没有穿跑鞋跑。在人类拥有枪械和交通工具之前，都是以追逐猎物打猎为生，不到疲劳不停歇。因而也练就了跑步能手的本领，这时期人类跑步是赤足而行，不穿鞋的。

逐渐地，我们的脚进化成具有弹簧和杠杆的系统结构，当受到牵拉时会产生弹性反跳。这种行走时产生的反跳就如橡胶带受到牵拉产生反弹释放能量一样。每次脚一接触地面，这个结构就受到牵拉，在反弹时释放能量，使跑步能量更节省。足踝部的肌腱和韧带、脚掌跖筋膜以及小腿的跟腱都是这种弹性装置的组成部分。

足踝部的这些结构与皮肤一起进化形成很多感受器，将信息传至大脑，使身体在跑步时适应施加到它上面的力。这些信息保障身体适当配合，避免损伤，尽量节省能量，提高生物力学效率。足底柔软的皮肤及感受器负责处理足在落地那一刻感受到的信息变化。足部汗腺也逐渐进化，帮助人类在运动时大量出汗以散热。

人类有三种行进方式：走路或慢跑、跑步，以及全速（冲刺）跑。走路的方式是足跟–趾运动模式；跑步时是足中–跟–趾运动模式；而冲刺跑则是前足–跟–趾运动模式。

任何了解跑步和跑步者的人都知道，只要跑到一定程度，肯定会受伤。因此，我们不禁要问，既然我们能够跑步是从祖先那里进化所得，为什么总是受伤？是不是我们跑步并没有像从前那样自然？或者与我们的鞋有关？

很明显，在许多地方和许多情况下我们都需要穿鞋。鞋保护脚避免环境损伤。但最早我们的祖先跑步时是赤脚的，慢慢地他们才穿上轻便的鞋如草鞋、软皮平底鞋。尽管我们还不能确认，但他们穿着鞋跑会更安全，因为这些鞋经久耐用。

毫无疑问，近代的跑鞋能够为人类提供更多的保护和更充分的感知缺陷代偿。然而，这些鞋虽有很好的运动控制、厚实的吸收震荡鞋底，但它们也许妨碍了我们自然地跑步，减少了跑步对大脑的反馈功能。因此它限制了我们跑步潜能的发挥，又加速了损伤。

赤足跑

虽然在各种环境下赤足跑并不实用和安全，但它引发人们争议，到底该穿什么跑步，怎样跑步？善于观察的科学家们一直试图区分赤足跑和穿上跑步鞋跑有何不同。结果发现，有经验的赤足跑者总是跖球（大脚趾底部的圆球——译者注）先着地，然后脚跟着地（图 2.1a），而穿鞋跑时则倾向于脚跟先着地（图 2.1b），甚至有时脚跟在身体之前（图 2.1c），称为跨过技术。观察发现，跑得越快、越有经验的跑步者触地的方式不同，因此引发许多跑步者更换了跑鞋，也纷纷改变了跑步方式。在第 3 章中我们将讨论足触地方式与跑步方式的关系，本章我们主要讨论足触地与鞋构造间的关系。

在跑步鞋设计中，足触地的作用至关重要，我们先要了解足触地对肌肉的影响。当肌肉缩短时发生向心收缩，如同您负重弯曲肘部，肘部角度减小。当一块肌肉收缩时肌肉却变长就发生了离心收缩，比如您手握的重物太重，肘关节角度就不能保持在 90°，重物使得手臂被拉长，虽然肌肉收缩试图对抗之，但肘关节角度仍然会变大超过 90°。离心收缩比向心收缩更容易引起肌肉损伤。

跑步时当脚触地时，腿部肌肉使向下运动减速，此时不仅身体吸收触地震荡，肌肉也同时进行离心收缩，前脚像车轮一样在地面上平滑地滚动以向前分散力量，而非足跟在身体重心之前触地。前足触地比足跟触地可以减少力量向身体的传输，触地力量可达一个人体重的 2~3 倍，当前足触地时该力量要小于足跟触地。足跟着地可以引起 2 倍的冲击力，因为它首先是足跟着地，接着是足的其余部分着地。前足触地踝部离心收缩力高于足跟触地，但同时膝关节离心收缩力要比足跟着地时小 3 倍多。

毫无疑问，许多人跑步时足跟先着地。这可能是因为跑步速度慢，尽管以每英里 7 分 36 秒(4 分 43 秒/千米)的速度跑步时足跟着地比前脚掌着地跑步效率更高，但当以每英里 6 分 25 秒(3 分 59 秒/千米)的速度跑步时前脚掌着地比足跟着地效率更高。最近争论的焦点是，足跟着地可能更容易对髋膝关节造成损伤，而前脚掌着地可能更容易损伤跟腱和足底筋膜。

在 1 英里(1.6 千米)跑步距离中足部要大约触地 1000 次，如果能够确切地给出哪种着地姿势最好就非常必要了。然而看起来每个人跑步时着地的方式都不同。许多

图 2.1　(a)前脚掌触地。(b)脚跟触地。(c)末端脚跟触地。

专家建议跑步时只要让您的足自然着地就行，也有人指出其实足的哪个部位先着地不重要，关键是**怎样**着地。他们建议跑步者应该避免跨越式着地，那样会干扰跑步时足与身体像车轮样向前滚动，因为身体对跨越着地的感受是刹车制动，干扰了下肢的旋转。在跨越着地时，人体必须克服每只脚摆动落地的惯性。

前脚掌着地的跑步者与足跟着地跑步者的跑鞋也不同。2013 年跑鞋制造商对跑鞋的测量表明，每双鞋的鞋底用料在足跟和前脚掌之间相差 10.4mm(mL)，最大可达到 14.4mL。比较小的鞋，前脚掌触地跑步者用料可少 2.4mL。这个数字接近 20 世纪 60 年代后期和 20 世纪 70 年代早期普通跑鞋的平均差。

我们不能忽视这样的事实，相比 20 世纪 70 年代，现在跑步者更多。但同时也不能否认这样的事实，如今跑步鞋的变化更鼓励用足跟跑步，而限制足部的自然运动。需要进一步研究确定保护足不受限制的最佳跑步方式。现在还没有结论性的研究结果支持赤足跑和着轻软鞋跑比常规跑鞋跑具有哪些优势或缺点。

某些支持者指出，赤脚跑和着轻软鞋跑可减少髌膝部的某些过度训练损伤，另有些人则认为，虽如此，它同时也增加了其他损伤的发生。某些运动医学医师注意到这两种方式引起更多的跟腱炎和跖骨应力性骨折，特别是当跑步速度较快，或跑步者以足跟着地时。

穿着 Vibram Five Finger 和类似跑鞋者，跑步进程很慢时仍有骨髓水肿发生，提示关节面发生炎症。这些水肿使跑步时疼痛。看起来赤足跑和着轻软鞋跑会对足部骨骼造成应激损伤，如果跑步者还是想尝试这种跑步方式，轻软跑鞋到处有售，但跑者应逐渐过渡到这种跑步方式。

着轻软跑鞋跑步，不管是足哪部分着地，其能量利用效率都要稍优于着普通跑鞋跑步。理由很可能是这种方式跑步下肢有更多的弹性能储存并释放，鞋的重量轻以及感觉反馈更佳也可能发挥作用。

“需要进行更多的研究”似乎总是一句推脱之辞。另一种推脱之辞是，我们每个人都不同，我们也有不同的穿鞋喜好。最后的结论是人们跑步的方式，是前脚掌着地或足跟着地比穿什么样跑鞋更重要。跑步者应该先学会高效的跑步方式，再选择跑鞋帮助您安全达成训练目标。下一章将讨论跑步的高效形式，本章继续谈论跑鞋。

跑鞋的组成

除了了解跑步时脚怎样运作之外，还要了解跑鞋的构造，有助于您选择一双合脚的跑鞋。先来看一下跑鞋的关键构造：

1. 鞋楦（鞋模子）

鞋楦决定了跑鞋形状，它包括脚床形状，即盛脚的地方，盖着脚的各边及脚面材料,即鞋的上面。鞋楦有三种形状:直楦、半弯曲楦和弯曲楦(图 2.2)。俗语说一双脚配一双鞋。直楦鞋适合于那些有扁平足或足弓内旋的跑步者(图 2.3a),它有助于控制足向内翻转;半弯曲楦鞋专为无足内翻转或足外翻转的中立足跑步者设计(图 2.3b);而弯曲楦鞋为高弓足或足向外翻转的跑步者设计(图 2.3c)。

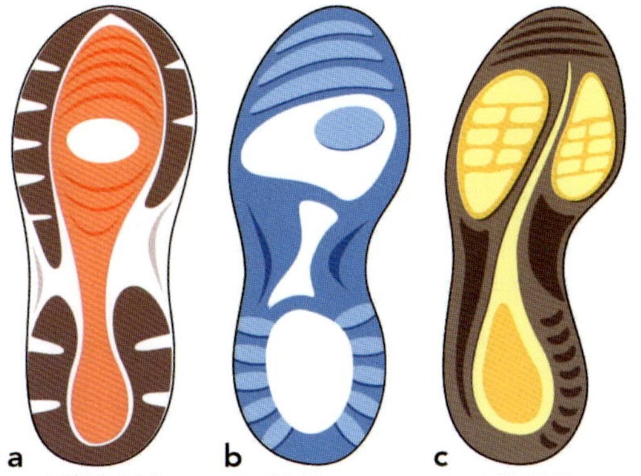

图 2.2　鞋楦类型:
(a)直楦。(b)半弯曲鞋楦。(c)弯曲鞋楦。

当足触地时足会处于向内翻转的位置。正常的足内旋有助于足触地吸

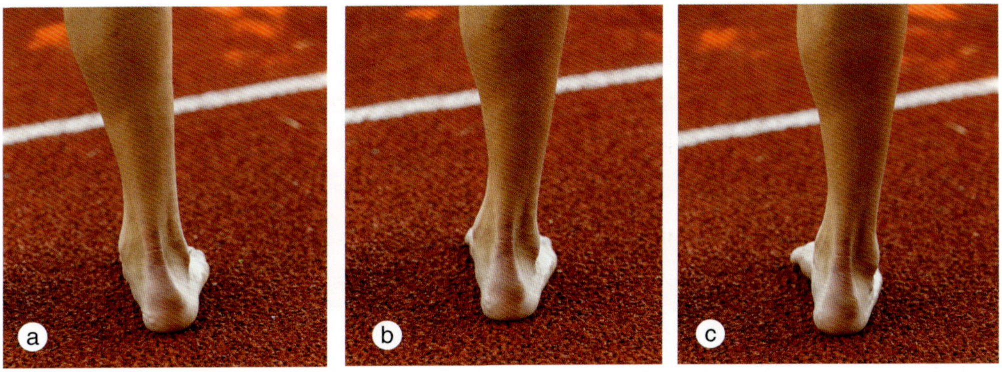

图 2.3　(a)足内旋。(b)正常足。(c)足外旋。

收震荡,但如果过度向内翻转,足弓会向内塌陷,产生损伤,特别是会造成膝关节损伤;然而,若足弓向内翻转不足或向外翻转,足就会向外翻转更多,您的脚就会受到损伤威胁。

根据鞋楦的形状,跑鞋可以用宽阔坚硬楦鞋、松软滑楦鞋或者两者兼具的鞋楦制作。直楦鞋用宽底,材质是纤维板胶着在一起构成鞋底中间部分,它坚硬,有助于限制足弓内翻。弯曲楦鞋由一个松软滑楦做成,这些材料胶着成跑鞋的中间部分,它柔韧性较好,有助于代偿外旋。两种材料结合,硬材料放在鞋后跟处,像袜套一样就构成了半弯曲楦跑鞋。

2. 鞋底

当您跑步时鞋的外底接触地面(图 2.4a)。外底在后跟部分通常由致密坚硬的材料做成,前脚掌部分由较轻质材料做成。跑鞋制造商用各种不同的材质做出各种各样的鞋以满足不同的需求。例如,可以做成为跑步训练、比赛、试验或道路跑各种

用途的跑鞋。鞋底中坚部分位于鞋外底和鞋床之间，各种不同密度的醋酸乙烯用于鞋底中央的制作，可以是单层，也可以是多层。

3. 鞋帮

鞋帮在鞋底中坚部的上面，覆盖足面（图 2.4b）。当您选择跑鞋时要考虑鞋帮是由什么材料做的，是否好洗好干，是否透气。

4. 鞋跟和鞋尖

鞋跟是围绕在脚跟周围的坚硬结构，常加垫子，起到缓冲、支持和旋转控制的作用（图 2.4c）。合适的构造和鞋尖部可以让脚趾在脚离地的那一刻屈曲、伸张（图 2.4d），鞋尖部太窄影响脚的自然运动，这种感觉也会传向大脑。

图 2.4　跑鞋的构成：(a)鞋底，(b)鞋帮，(c)鞋跟，(d)鞋尖，(e)鞋的柔韧性。

5. 柔软舒适性

跑鞋的柔软舒适性可以使脚自然地运动。检查鞋的外底看是否有弯曲产生的沟槽，然后弯曲鞋的前掌部分检验其柔韧性（图 2.4e）。多年前，当我还在耐克跑步俱乐部西部运动员训练中心工作时，我测试了 Tailwind 跑鞋，它为足内翻者所做，大部分设计及制作不错，但它太硬了，我用钢锯沿着前掌鞋底锯出些沟槽，这样它就变得柔软舒适了，跑步时感觉更好。现在您可以在各种售卖跑鞋中看到这些沟槽。我真应该向别人展示一下我在耐克工作时的成果！

选择合适的跑鞋

在选择跑鞋前您要准备好回答这些问题，最好在跑鞋专卖店购买，那里大多数店员都是跑步者，过去一直训练，知道哪些鞋适合哪些消费者。

1. 您想买常规跑鞋，还是轻便跑鞋？

2. 您将开始什么样的跑步训练？跑步的路面是怎样的？

3. 您穿着这些跑鞋每周计划跑多少英里？

4. 您的身高、体重是多少？BMI 将有助于您选择最合适的跑鞋。请参考图 1.1 找到对应您的 BMI，或者用下列公式计算：

703×[体重 lb]÷身高 ^{2}(in^2)或

体重(kg)÷身高 ^{2}(m^2)

5. 您有过跑步损伤史吗？

6. 您的足弓是扁平的、高弓的、还是中立的？如果不知道，您可先沾湿脚底，然后站到干纸上，看足印判断，如图 2.5。

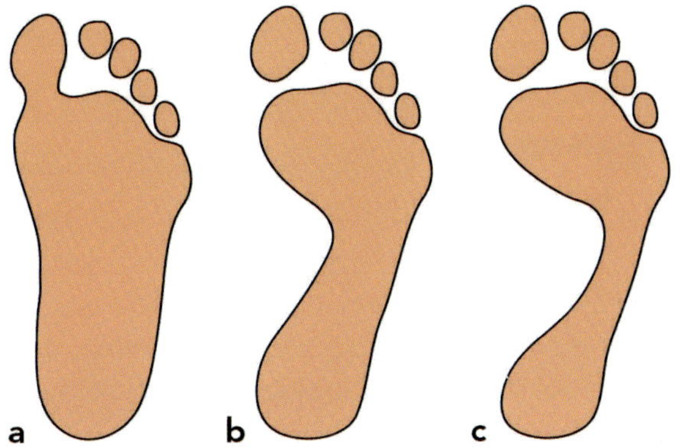

图 2.5 脚弓形状。

(a)扁平足，(b)中立足，(c)高弓足。

有人说确定一双鞋是否最适合您的最好方式就是穿上试试，跑步时您脚的感觉最能说明它是否就是您所要的、最合适的鞋。而我还要加上一点，要是您穿着这双鞋跑完几英里，或跑过几天后，仍然感觉良好，那这就是最适合您的跑鞋，要一次买两双。

记住，适合您朋友的鞋未必适合您，因为跑鞋要适合每个人自己的脚弓，鞋跟不能太紧并温暖舒适，鞋尖宽敞利于脚尖登离地面。该鞋还应该尽可能使脚能自然行走，有良好的感觉反馈，并免受环境伤害。

跑鞋类型

在网上浏览跑鞋信息是确定跑鞋类型比较好的方法。跑鞋公司会不断地推出新产品，因此，去年您买的鞋子今年就可能已经下架。因此，一旦您看中哪款心仪的跑鞋，应该马上到跑鞋专卖店咨询店员，找到适合您的跑鞋实品。

常规跑鞋与轻便跑鞋有很大不同，轻便跑鞋重量轻，跟高与前掌高间差别小，衬垫薄，柔韧性好，您可以沿长轴扭曲鞋子，因为这类鞋几乎没有支持弓。

而常规跑鞋较重，跟高与前掌高间差别比较大，这种前后差值可能有助于足跟着地。常规跑鞋有较厚的鞋垫，因此柔韧性差些。许多鞋子具有坚实的足弓支持，不能沿长轴扭曲它们。常规跑鞋可为跑步者提供更多的运动控制，令某些跑步者非常喜欢，比如它可限制足部过度向内翻转。但是它的缺点是降低了足部的感觉反馈，而这些反馈对警示跑步者足的位置非常重要，比如是否发生足内旋。

跑鞋制造商有很多，且还在不断增加，新鞋型也年复一年推陈出新。表 2.1 和表 2.2 给出了有关常规跑鞋和轻便跑鞋各种特性的范围和平均值。

表 2.1　常规跑鞋

	低	高	平均
价格($)	100	175	117
跟高(mm)	21.9	38.7	34
前掌高(mm)	17.5	28.2	23.6
跟掌高度差(mm)	2.1	14.4	10.4
鞋重(男,盎司*)	8.0	12.8	10.3
鞋重(女,盎司)	6.4	10.4	8.5

* 注:盎司为英制重量单位,1 盎司等于 31 克。

数据来源:Based on data from R. Loda, 2013, Best running shoes of 2013, spring edition.[Online]. Available: www.runningshoesguru.com/2013/03/best-running-shoes-of-2013-spring-edition[July 16, 2014].

表 2.2　轻便跑鞋

	低	高	平均
价格($)	85	195	125
跟高(mm)	10.5	23.5	17
前掌高(mm)	10.5	19.7	14.6
跟掌高度差(mm)	0	3.8	2.4
鞋重(男,盎司)	6.2	8.7	7.9
鞋重(女,盎司)	5.0	7.3	6.4

数据来源:Based on data from R. Loda, 2013, Best running shoes of 2013, spring edition.[Online]. Available: www.runningshoesguru.com/2013/03/best-running-shoes-of-2013-spring-edition[July 16, 2014].

买好跑鞋之后

买好跑鞋之后,您仍需要处理穿鞋以及保养的几个问题,以便提高跑步的体验。

新鞋适应期

即使一双非常好的跑鞋也有适应期,您应该穿上新鞋跑步时不使脚磨出水泡,但穿新鞋跑步触地时与穿旧鞋不同。在适应这种变化过程中您可能会出现脚疼或腿疼,因此,换新鞋时只进行简单的适应性跑步,适应后再开始其他跑步训练,或者干脆从走路开始。

换着穿鞋

每个品牌或式样,甚至每个式样中的每双鞋给脚和腿上施加的应力都不同,您需要尽可能多地轮换着穿鞋才好,就像汽车轮胎也要不断更换一样,通过换着穿鞋去除这些应力。因此,一次买两双以上跑鞋,经常轮换穿是非常值得的。

跑鞋养护

您应该定期清洗和检查跑鞋情况,穿旧跑鞋不仅不干净且会有难闻气味。因为它们几乎都是用合成材料做成,可以清洗。常保养清洗它们,或用洗衣机轻柔档洗涤都行,然后晾干,不要烤干,以免受热使鞋损伤变形。

通常跑鞋的磨损有两种方式:鞋跟和鞋底磨损,鞋底中部鞋垫材料也会疲劳、压缩。您可以修膳鞋的外表面,但如果已经压缩变形,或鞋底变薄,鞋的护脚作用也就降低了。有关什么时候该更换新跑鞋意见尚不一致。有人认为跑步 250 英里(402 千米)就该换,也有人说跑 1000 英里(1601 千米)换就行。我觉得何时该换新鞋取决于您体重多少、体质成分、身体运动方式、在什么地方跑步,以及您穿的是什么类型的跑鞋。您应该每个月检查一次鞋子,或每 100 英里检查一次,关注鞋子受压变形和鞋底的变化情况。

鞋垫

您可以在鞋里插入保护性装置以使跑鞋更舒适。这些装置包括鞋垫(可取代原鞋垫)、垫高足弓垫、足跟垫和定制鞋垫(即矫形鞋垫)。前三种商品都在运动商品店或跑鞋专卖店有售, 矫形鞋垫由医生出具处方, 因为当您受伤后需要用这样的鞋垫。选择这些产品应尽可能以轻薄为宜。

其他装备

跑鞋是跑步最重要的装备,但它不是安全有效、享受地进行跑步的唯一装备。这里我们讲述一些其他影响您跑步感受的装备。

衣服

跑步服可以保障您在极端天气跑步时感到舒适, 就像跑鞋对跑步者对抗崎岖不平坚硬路面一样。现代人造纤维使这些衣服在任何情况下都很耐穿,但在严苛的天气时还有问题。然而两种传统纤维织物:棉花和羊毛就表现很好,羊毛棉芯易湿润,干燥快,不留气味,冬天温暖,夏季透气,减少体温波动,且该类材质衣服轻薄、不臃肿。现在可用这些材料做成非常轻盈光滑的纤维衣服。表 2.3 对羊毛衣服和合成纤维衣服进行了比较。

不管您是专门去专卖店买还是直接用衣柜里已有的衣服, 您的跑步衣物装备必须包括如下这些:

- 提供支撑但不紧绷的内衣。
- 不会下滑或在鞋里卷起的袜子，否则会导致不适或起水泡。
- 使您自由活动而不会擦伤大腿内侧的短裤。
- 不同季节穿的 T 恤衫，各种不同材质和重量的长袖衫、短袖衫、无袖衫和高领衫。

表 2.3　羊毛和人造纤维的优缺点对比

质量	羊毛	人造纤维
吸汗	出色	出色
保持干燥	好	出色
体温调节	非常好	良好
气味存留	很小	很大
弹性	很好	很好
价格	较贵	中等

- 手套、围巾和合指手套，它们可以保障您跑步时手暖和。合指手套因为可以使整个手的五指在一起，所以更保暖。我在缅因州时每天跑 5 英里(8 千米)，那里气温在 0℉以下(18℃)，我跑步时总是戴棉手套，在跑到 4.5 英里时脱掉手套，那时手就太热了。
- 适合各种天气情况的帽子。冬天的套头帽，防风与防寒冷的面罩，防雨、防晒和防晃眼的帽子等。
- 紧身衣裤，防止下雨时臃肿沉重，也御寒。
- 吸汗裤、防风夹克和冲锋衣（夹克和裤子），以便在坏天气用。
- 轻质颈胸围巾，这些东西通常不会被提到，但是在寒冷天气时很有用。气管通向肺脏，其纤毛细如发丝，纤毛摆动将细菌和灰尘经口腔排出，从而保护肺脏；它也与调节体温有关，但当体温下降时作用变差。在冬天，戴上围巾可以辅助气道纤毛活动，保护喉咙和上呼吸道。胸巾即有此作用，也非常轻便贴身(图 2.6)。在俄勒冈尤金市冬天寒冷的日子里，我请 20 位跑步运动员做了测验：在相同衣着的情况下，10 个人戴着胸巾，

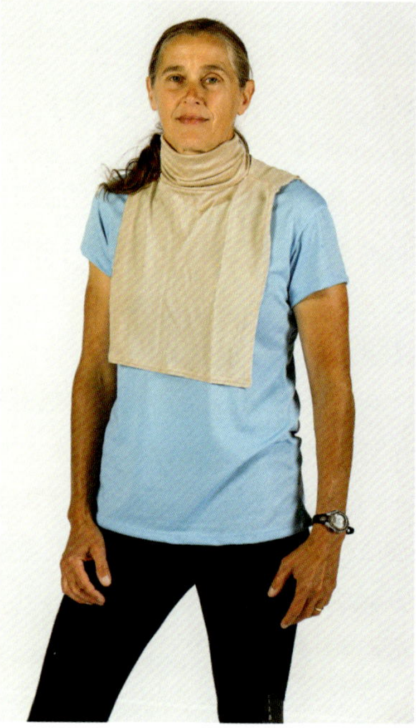

图 2.6　胸巾衣。

10个人不戴。当他们回来后我检查他们的颈胸部皮肤和体温，发现10位没穿颈胸围巾的运动员脸色苍白，皮肤寒冷；而10位穿上颈胸围巾者脸色红润，皮肤温暖。因此我认为保持这个部位温暖可以预防感冒，因为它能使纤毛更好地工作。

跑步时穿着轻软、透气的多层衣服在寒冷天气具有很多优点。如果跑到半路感觉很热，就可一层层脱掉，但是如果您没有穿够衣服，在冷天肯定会感觉很冷。

电子装置

电子手表是一个重要工具，这个廉价的装置具有秒表特性，可以给您跑步时提供实时、精确的信息。GPS定位系统也逐渐流行起来，并与电子手表结合起来用，可以追踪您跑了多少英里，用了多少步，某些设备还有计数每分钟心率和总心率的功能。

当边跑步边娱乐时，许多人会用智能手机或耳机听音乐、新闻和电子书。用这些设备时一定要保证熟悉跑步路径，没有交通安全问题才行。在大街上跑步时戴耳机，您只听到音乐声，而听不见马路上的噪声，这很危险。

心率监测设备可提供跑步反馈信息，它可记录跑步时的用力程度。大量研究已经给出跑步训练的心率区间，通常用心率解释跑步强度不是很可靠，但其中心率储备最精确，它是指最大心率与静息心率之差。

如果最大心率是180次/分钟，一个人静息心率50次/分钟，另一个人为80次/分钟，他们的心率储备分别为130次/分钟和100次/分钟。如果两人都想从高于静息心率50次/分钟开始跑步训练，第一个人用100次/分钟开始，相当于最大心率的55%（55%HRmax），而第二个人就要从130次/分钟开始，相当于72%HRmax。因此，依据心率储备比最大心率能更精确地开始训练。而且，随着训练时间增加，最大心率逐渐下降，静息心率反映健康状态，在运动训练过程中最大心率和静息心率的改变频繁程度超出您的想象。日常生活的许多方面都影响心率值，比如饮食、休息、恢复以及之前的运动情况等。我一直用电子表记录日常生活状态下最大心率、静息心率和心率储备，从中了解到这些因素每天随时变化，即使我们在每一天的同一时间观察也未必相同。

我从1978年就开始使用电子记录仪监测心率，也算是比较早使用该设备的，但是我逐渐认识到，身体状态比电子跑步记录仪更能告诉您运动强度，不要太依赖它。我曾经担任一位优秀马拉松运动员的教练，他想参加波士顿马拉松比赛，他的成绩超过资格赛水平15分钟。当我跟他在电话里交谈时，他总是跟我讲他的心率监测结果。我感到他把注意力完全集中到心率范围上对他是不利的，因为他训练时一直关注这个，而忽视了身体对跑步的反应，也许有一天他的身体没有达到承受这样强度而硬要用既定的心率强度训练,那他离过度训练就只有一步之遥了。我非常沮丧他的成绩没有达到他预期的理想状态。突然有一天他告诉我心率监测表坏了,我说:“那太好了,别修它!”他不再关注于心率问题,成绩开始提高,并最终获得了波士顿马拉松的比赛资格。

越来越多先进的监测跑步运动的电子产品问世,它们能够将运动时信息及时传输到智能手机或计算机上,制造商们也力求制造越来越小的装置。但是我要提醒的是,像那位马拉松运动员一样,许多跑步训练者要远离那些设备,更关注于自身,没有设备您一样可以满足您的训练目标,并享受跑步的过程和训练结果。

太阳镜、防晒霜和帽子

我们谈谈这些低科技含量的产品。着色太阳镜可以减少跑步锻炼者受强光直射损伤、晃眼等危险。带偏振光太阳镜可以保护眼睛避免长波和短波紫外线损伤。防晒霜和帽子可使皮肤少受太阳光损害和减少晃眼。

运动装备预算

在运动装备上打算花多少钱取决于您想怎样装备以及入门的运动水平。有的人可能已经有了自己心仪的服装,也可能对最新的时髦电子设备没兴趣。而有的人觉得穿着时尚、舒适的衣服,用最好最新的电子产品,会更有动力去跑步并享受跑步的过程。高质量产品的价格档次也各不相同,如果您去逛逛,不难找到需要的物品。

过来人告诉您,不管您多时尚、对技术产品有多大喜好、预算有多慷慨,合适、舒服是最高标准,特别是跑鞋。

购买运动产品您有多种选择,从附近运动产品专卖店或跑鞋专卖店开始吧。不仅有各种价位的各种产品,还有具有丰富知识和经验的店员帮您选择适合的产品。除非您有随时可退可换的优惠条件,尽量避免从网上购买您并不熟悉的产品。

下列清单列出了跑步者常年可用的运动装备,是以美元计的运动专卖店价格。有些产品您也许能找到更低的价格。

跑步装备清单:

跑鞋:\$90~\$190

速度型比赛跑鞋:\$90~\$160

跑步短裤:\$24~\$55

运动T恤衫:$20~$80
运动内裤:$30~$60
运动胸罩:$20~$75
美利奴羊毛衫:$50~$85
运动上衣:$40~$150
运动裤或紧身裤:$40~$120
防雨夹克:$40~$190
防雨裤:$50~$70
跑步马甲:$40~$140
防风夹克:$30~$60
冷天帽子:$10~$25
手套:$12~$45
太阳镜:$50~$300
防晒用品或帽子:$10~$25
电子表、心率监测表、智能手机:$50~$300
护颈带:$30~$35
颈胸围巾:$10~$15
全套装备:$716(包括胸罩是$736)~$2105(包括胸罩是$2180)

不要节省买一双跑鞋、一件羊毛衫、一顶优质海军帽和护颈带的钱。虽然有很多吸湿棉芯布料打底衫,但羊毛仍是我最喜欢的衣服布料,大概是我比较守旧吧。这些都是跑步的重要装备,不同价格间的质量差别很大。为了使花费不是太高,您可以把袜子、短衫、吸汗裤、帽子和电子表买便宜点的。要记住冬天一定要穿多层衣服。

如果按照我列单的这些装备,低端价格全套也就$700多一点,您不必要非买全套的产品,但想到就相当于买了"健康保险"一样,也就不觉得很多了。或者想想"跑步训练时感觉更好",或"看起来更好"。跑步锻炼的实质是体育运动,而且非常容易,不分地点、不管天气如何,都是自己或与朋友一起随时可做的运动。

3

跑步方式

跑步是一种自然的运动形式——每个人的一生中可能一直都在做它！但是当说到您的跑步方式是否最快、最有效并且损伤最小时，大多数人就都不会那么肯定了。跑步中各种小的错误就可能对您造成大的危害，特别是当您跑步的距离增加或速度提高时。为此，有必要先了解一下好的跑步方式。

虽然每个人的跑步方式各不相同，但跑步还是有些共性的东西，适用于短跑到马拉松跑。

1. 跑步方式必须适应您个人的特征。例如，矮个子的人不要试图像比您高一头的人那样步伐很大地跑。

2. 跑步方式随步伐改变。您跑得越快，脚落地时越是足前部着地，髋关节伸展越多，摆动手臂驱动身体前行的力量也越大。

3. 跑步方式必须在力学上是最有效的。力学有效性可以提高跑速，降低损伤。人类是直立动物，跑步最有效的力学方式是脊背挺直，眼睛向前看，而不是眼睛朝下看着地面、弓背跑。

4. 跑步时必须放松。一个人紧张地跑步就像汽车正刹着车向前开一样，事倍功半。

本章将详细介绍有效的跑步方式及其各个阶段——落地、支撑和驱动——运动机制的力学特征，并提供从头到脚改善跑步方式的技巧。

足和踝

在第 2 章中讲到，跑步时足触地如何影响跑鞋的选择，实际上，足触地方式比鞋重要，所以本章我们重点讲述足触地过程的恰当方式。

关键要点是足跟触地不如足前掌触地效率更高。足跟触地需要身体吸收更多的力,踝关节和足弓弹性更小,支撑足踝的肌肉和韧带更少。在足跟触地时,足触地通常落在身体重心之前,使腿部像刹车板一样,意味着每一步足触地时都要重新获得动力才能前行。最后,在足跟触地中感觉反馈减少,因为足跟的神经末梢是间接地传递到大脑,中间感觉信息会有折损。而在进化过程中足前掌的神经末梢能够更有效地完成神经信息传递。根据我多年来跑步的体验和从事教练工作中对众多跑步运动员的观察,我认为足前掌先落地是更为安全和有效的跑步方式,特别是快速跑时。

足跟触地

如果您以每英里 8 分钟(4.48min/km)或更慢些的跑速跑步时,您很可能就是足跟先着地。如果您不想用足底中部或足前部先着地跑步,或者您觉得自己暂时没有能力做到,那么确保您用足跟着地,但不能落在身体重心之前。

图 3.1　足跟踏向地面。

落地期

这一阶段是从足接触地面到全足踏在地面的整个过程。当足跟着地时(图 3.1),鞋跟先着地,然后足的其他部分逐渐踏地,直到整个脚着地。

支撑期

支撑期(图 3.2)是短暂的,全足踏在地面上,落地的力就会向身体上部传递,传导到膝和髋关节。

图 3.2　足跟触地支撑期。

收腿期

在足跟触地中,特别是如果足跟位于身体重心之前,那么实际上您要拉动身体越过下肢,然后整个脚包括脚趾都离开地面。由于足跟着地过大的迈步所导致的刹车效应引起向前运动受挫折，拉动身体超越下肢（该腿）时不能用最有效地驱动力前行。如果脚刚好在身体重心之下，拉动腿前行运动就减少，您就能更有效地推动身体向前（图 3.3）。

图 3.3　足跟触地收腿期。

前足触地跑的准备

如果想学会用足的中部或前部先着地跑步，需要先慢慢增加足部肌肉的力量和韧带的强度，尤其是足弓部。您可以通过以下三种简单的方法学会：走路、深蹲、跳跃。每一项训练都会获益良多，促进感觉反馈和放松。

步行训练（图 3.4）

目的是锻炼平衡的直立姿势。双耳在双肩的正上方，双肩在双髋的正上方，双髋在双膝的正上方，双膝在双踝的正上方。如果可能，可以先光脚在草地上或跑道上走。您走路时很可能脚跟先着地，那没关系，因为您可以在别的运动训练中学会足前部先着地。但在步行时您一定要始终保持直立、放松姿势。想着让大脚趾最后触地，此时脚即将离开地面。您也可用一本书放到头顶走路来学会身体竖直走路，当书在头顶保持的时间延长时，您的走路姿势就进步了，如果这样能保持 5~10 分钟就足够好了。

图 3.4　步行训练。

深蹲训练(图 3.5)

当做深蹲动作时,要求全脚掌着地,特别是脚跟要着地。很多人做深蹲动作时,脚跟抬起,这样就起不到深蹲的作用了,深蹲就是要达到很好的踝部屈伸性。最有效的深蹲方式是双髋关节向后蹲,如同坐下的动作,同时保持躯干和头部向上,双脚与肩同宽。尽可能向下蹲,或下蹲到两侧大腿与地面平行的程度,此时仍应保持脚跟着地。在深蹲开始时应该感到体重落在脚跟处,然后逐渐落到前脚掌。这样做可能很困难,要有耐心。开始练习时可以握住支持物保持平衡,也可以赤脚做,但总数应该达到每组 15~20 次,每次练习 1~2 组。下蹲练习有助于刺激足部对大脑的感觉反馈。

图 3.5 深蹲训练。

跳跃训练(图 3.6)

跳跃练习可以改善姿态、促进放松和感觉反馈。做跳跃运动落地时应该确保双耳、双肩、双髋、双膝和双踝都在一条线上,然后再轻轻下沉、屈膝,不必跳得很高,而是应该跳起,落下后确保脚趾先着地,然后脚跟再着地,膝关节放松。光脚这样做,20~30 次/组,重复 1~2 组。

图 3.6 跳跃训练。

足前部触地

足前部和中部触地的方法与足跟触地在跑步中差别非常大。尽管足前部触地与中部触地也有分别,但几乎相似,因此,我在本节中只讲述足前部触地。

落地期

该时期包括足底前部向下触地直到全足落地，先是足底中部外缘着地，然后脚掌向内滚动，所有脚趾着地(图3.7)，最后足跟再着地。

图 3.7　足前部落地期：向地面踏去，向内滚动，并移行到足跟。

支撑期

这是一个从落地到推动身体向前的短暂的过渡时期，此期全足落地，在足跟刚刚踏向地面的一刻，身体重心恰在该足之上，膝关节微屈(图 3.8)。

图 3.8　支撑期：整个足踏地，膝关节微屈。

前足触地，身体重心恰好落在该脚上，可以大致地想象脚正位于肚脐之下。如果足落在身体重心之前，那么会打乱跑步的节奏，必须尽快将身体重心拉回到脚部之上，而不是设法推动脚部超过身体重心；如果跑步前足触地时落在身体重心之后，您就会身体前倾，蹬离地面的推力减弱。

蹬离期

在蹬离地面的驱动期开始部分是让您的骨盆后旋，即伸髋，而足仍在地面上。当腿向后伸直时，足部和小腿肌肉会持续产生弹力；当整个脚再向前滚动移行逐渐到达大脚趾时，释放爆发力，推动身体向前向上(图 3.9)。大脚趾是离开地面的最后部分。关键是要使脚在您身后，意味着脚在地面上尽可能地长

图 3.9　驱动期：以前足为起点发力，推动身体向上向前移动。

久些。

蹬离地面比收腿(拉腿)发力更大更有效率,触地时髋在足的上方,膝放松并微屈,能够使身体在足的上方最大程度地向前滚动,并以大脚趾蹬离地面。

当速度提高时,前足触地的方式略有改变,在短跑中(如200米以下的短跑),您的触地点与小脚趾平行(图3.10)。但您仍要使足滚回到足跟以发挥最大蹬离力量。

图 3.10 短跑触地方式。

准备赤脚触地跑

有些人可能想尝试赤脚跑步。先要从穿软底便鞋(容易过渡)或光脚走路开始。当认为已经准备好了赤脚跑步时,可以从短距离或短时间开始。先在光滑、干净的跑道上跑,1~2圈的距离比较合适,如果您找不到合适的跑道,也可以到运动训练场去,总之,跑道光滑、干净为佳。

逐渐增加距离。您提高得有多快取决于年龄和跑步背景。如果您是刚刚开始跑步的初学者,应该缓慢地进入到赤脚跑步的练习,从2分钟赤脚跑开始,逐渐延长时间,每两周增加1分钟,直到您能赤脚持续跑12分钟。如果您想将跑步持续终身的话,保守的慢进程比激进更好。

如果您是一个有丰富经验的跑步者,您可以将此过渡期相对缩短些,从4分钟开始,每周增加2分钟,并将赤足跑结合到您的日常训练中。例如,如果您有40分钟训练计划,跑步练习28分钟,之后进行12分钟赤足走或慢跑训练。

过渡期有两个目的:其一是使您脚下的皮肤逐渐变厚,长茧,特别是前脚掌;其二是促进从足跟先触地到足掌触地的转变。要有耐心,4~6个月的时间对终身参加这项运动大有益处。这段时间你会更好地了解,有时少就是多。

如果外面的天气变凉或赤足跑脚感觉寒冷,就不要再在户外跑了。如果您的脚有任何问题,在开始赤脚跑步或穿软底鞋跑步前就先去看医生。如果跑步时您感觉脚疼,特别是足弓处疼痛,马上停下,待疼痛消失。在此时期,您在齐胸深的水中进行练习前足触地是一项很好的替代方法,这样身体受到的冲击力较小,水也可为痛处提供轻微的按摩促进恢复。事实上,在水中练习足前部触地跑是每个人的最佳选择!

踝关节

在触地阶段踝关节仍应是柔软灵活的。踝关节越僵硬，在足触地的一刹那身体受力就会越大。在足前部跑步足触地时，踝关节应该跖屈(>90°)(脚趾向下)。当足跟先着地时，踝关节应该背屈(<90°)(脚趾向上)，因此，当足跟先着地时脚更可能掴着地面。

在触地支撑期，踝关节应该背屈(图 3.11a)，这意味着足面向上成角。当脚趾推离地面达到跖屈的前推期(图 3.11b)时，从该位置踝关节可以释放弹力和爆发力。如果您是足跟触地的跑步者，踝关节角度极少小于 90°，因此，更多的弹力就丢失了。

图 3.11 (a)在支撑期踝背屈，(b)在蹬离期踝跖屈。

膝关节

在跑步中当足触地时膝关节应该放松并稍稍有点屈曲，稍在身体重心之前；在支撑期依然保持微屈(图 3.12)。当身体向前移动超过膝关节时，膝关节开始伸直，并且在大脚趾蹬离地面的瞬间也是伸直的(图 3.13)。当身体进入到驱动期，另一腿膝关节屈曲向前摆动，足跟抬向臀部(图 3.14)。当跑速增加时，足跟应抬得更高更接近臀部。该动作要求膝关节向前摆动，而不是用力推动它，这样就可以使臀伸肌收缩拉动膝关节，向下向后完成蹬离地面做功。如果膝关节是放松的，它就会摆动得足够高，然后股四头肌收缩，腿伸直，准备落地(图 3.15)。膝关节放松的摆动作用确保足充分抬离地面，如果您感觉脚抬高不够，很可能是膝关节屈曲不足、抬高不

图 3.12　支撑期：膝关节微屈。

图 3.13　在大脚趾蹬离地面的瞬间膝关节伸直。

图 3.14　当足跟抬向臀部时，膝关节摆动向前。

图 3.15　准备落地时下肢伸展。

够所致。想象着前面有一个小障碍物需要设法跨过去，这样训练可能有助于摆动腿到足够高度。当跑速增加时摆动的高度也要相应提高（图 3.16）。

图 3.16　跑速越快，膝关节摆动越高。

骨盆和肩关节

骨盆区是跑步时的核心力量区域，为跑步运动提供周期性双腿运动时髋关节的稳定性和灵活性。从足触地期到驱动期，您的双腿就像车轮一样持续地向前滚动。看到过猎豹吧,它的爪子强有力地向后推,身体飞速地跑动。

骨盆区以肚脐为体表标志，朝向要跑向的方向，在跑动时肚脐不应在水平线上,也不应该扭曲前行,而是应该稍稍在垂直线上移动。您要保持滚动而不是弹跳向前。当一条腿踏地向后伸直时,骨盆应该稍稍后旋,体现其灵活性(图 3.17a)。

肩关节与骨盆一样,在跑步中发挥稳定性作用,但它是稳定手臂。肩关节提供了手臂运动的平台。有些跑步者双肩前后摆动甚至左右摆动,这些不相干的运动降低了跑步的效率,因为它使跑步左右做功,而不是向前跑。跑步时肩应该保持平行于地面,并始终在髋关节之上(图 3.17b)。

图 3.17 (a)腿向后伸直时髋关节轻度后旋,(b)在跑步时肩应该保持平行于地面,并始终在髋关节之上。

手臂

在跑步时手臂和腿节律性交替摆动,手臂摆动越快,臂弓越大,越有助于加大步伐。当摆动手臂时要确保肘部贴近身体两侧,并且不要抬高。肘部抬高会使身体探出,肩关节左右摇摆,身体跑动时发生扭转。

此外,在跑步手臂摆动中也要注意肘关节角度的变化。当手臂在身体之前时,肘关节角度大约是 45°(图 3.18a)。手不要越过身体中线,高度不超过胸骨中部;接下来手臂向下摆动时肘关节不要远离身体，肘关节角度约为 90°(图 3.18b)；而当手臂摆动到身体之后时，肘关节角度打开，约为 150°(图 3.18c)。

图 3.18　在手臂摆动期，肘关节的角度变化。(a)手臂在身体前面时肘关节为 45°，(b)手臂在身体一侧时肘关节为 90°，(c)手臂在身体之后时肘关节为 150°。

僵硬的肘关节会使身体产生左右晃动、扭曲、爆发力下降和失去平衡。手臂在肘关节水平运动时获得爆发力。想象一下在肘关节僵硬状态下用锤子钉钉子，然后不断改变肘关节角度，观察您不同状态下产生力的变化有多大。

腕关节应该保持与前臂成一条线，向左或向右的弯曲都会干扰手臂的摆动。

手控制手臂和肩关节部位的张力(紧张度)，因此，手应该放松。观察一下当您紧握拳头时会发生什么情况。手的紧张毫无疑问会使肩部紧张。手指有助于使手、手臂和肩部保持放松。手应该轻握虚拳，您可以想象自己用拇指、食指和中指捏着一片美丽的羽毛一样，羽毛纤细脆弱，您既不能丢掉它，也不能使之破损(图 3.19)。

图 3.19　跑步时手部放松，手指轻屈，虚握拳状。

头部

头应该与肩保持在一条线上。在跑步支撑期如果从耳部放一垂线，该垂线应通过肩、髋、膝、踝关节的中央（图 3.20）。如手指一样，面部肌肉紧张或放松也会对其他部位有显著影响，颈部、胸背和肩部也是如此，因此应保持这些部位放松，轻度打开。紧绷着的下颌也可引起颈部和胸背部肌肉紧张，也要放松。

图 3.20 头应该与肚脐成一直线，面部和下颌应该放松不要紧张。

呼吸

跑步时通过口鼻吸气。当吸气时，您尽可能扩张胸廓和腹部，膈肌下降，使肺内容量达到最大；呼气时胸廓和腹部向回运动，肺容量下降。

在户外跑步时，您要不断地告诫自己："下一个街区，我要练习腹式呼吸。"我花了整个一个冬天练习腹式呼吸，但是当我学会以后，它使我跑步变得更容易，尤其是最难的最后一段里程。

用图 3.21 检查您的跑步方式是否正确。

图 3.21 跑步方式检测表

- ☐ 身体挺直，不弯曲。
- ☐ 头在身体正上方，不前屈或后倾，下巴放松。
- ☐ 肩、肘和手指放松，在手臂摆动中肘关节角度随摆动位置改变。
- ☐ 以肚脐为身体重心点，面向前方。
- ☐ 双腿在周期性运动中始终位于髋关节下方，当腿向后运动时髋关节向后伸展。
- ☐ 只在跑步驱动期结束时刻膝关节才伸直。
- ☐ 无论是足跟触地还是前脚掌触地，身体重心始终落在触地足上。
- ☐ 当用前脚掌触地时，足底中部或外侧缘着地，然后双足轮换。
- ☐ 无论是足跟触地还是前脚掌触地跑步，身体重心前移时，脚始终在后，而当脚离地时是大中跗趾发挥推动力。
- ☐ 下列部位保持放松，身体会在跑步时保持良好姿势：

颈部、面部肌肉放松	腕部放松但不要耷拉
下颌轻轻打开，放松	不要紧握拳头，要虚握拳
肩背部放松	手指微屈放松

肘关节在手臂摆动，不同时期位置会发生改变

还有一件事要记住：腹式呼吸。

改进跑步方式的训练方法

所有的人都能够或多或少改变其跑步方式。跑步者可以利用各种锻炼方法改进跑步方式，这里有四种改善跑步方式的训练方法。

跳跃训练（图 3.22）

跳跃训练非常有趣，并激励您的身体配合保持平衡、放松，为增加您的弹跳力做好准备。

图 3.22 跳跃训练。

弹跳训练(图 3.23)

弹跳训练正如其名,需要身体弹起跳高,驱动腿离地。弹跳腿先弯曲,膝关节抬高至大腿与地面平行,然后跳起(图 3.23a);当跳起的腿落地时,要稍稍弯曲膝关节以便吸收地面震荡(图 3.23b)。然后,另一条腿成为弹跳腿再次弹跳起来。与水平方向运动不同,这种弹跳运动训练要求身体向前、向上。要强调的是,弹跳腿要伸直,脚趾有力地推动离开地面。这个方法也有利于小腿三头肌、踝关节和足弓肌肉力量的增强。如果您以前没有做过这种类型的训练,那么在学会跳跃训练后再缓慢开始就很容易完成。

图 3.23　弹跳训练。

踢臀屈髋训练(图 3.24)

通过腘绳肌收缩后踢小腿,使脚踢向臀部,然后髋屈肌用力收缩抬高膝关节,这个动作与跑步时相似。您可能熟悉脚踢臀部运动,就是您要用腘绳肌收缩抬高小腿,足跟向后踢向臀部。这个动作不是跑步时的动作,但这种训练有助于建立驱动腿的功能恢复模式。

图 3.24　踢臀屈髋训练。

上山跑训练(图 3.25)

重复的短程上山跑让您思考身体配合和力学问题，您可以找一个中等高度的小山包,每次练习 25~50 米,重复跑 4~5 次。这样重复练习,有助于髋关节伸展和以前脚掌落地。

图 3.25　上山跑训练。

4 挑战与适应

我非常幸运有机会在来自世界各地的听众面前演讲。教练与运动员们，无论他们来自哪里，总是在寻找使运动员训练更有效的方法。在这些演讲中我总是问同一个问题。欧洲的教练知道答案，而在美国我只得到过一次正确答案，那是在一个监狱诊所，一位老囚犯知道答案。现在我把这个问题分享给大家，因为每一个运动员都应该知道答案，这是非常重要的，这个问题就是：您知道汉斯·塞利博士吗(Dr. Hans Selye)？

汉斯·塞利博士发展了最重要的训练理论，我非常肯定这一点。让我们先稍稍回顾一下：

过度训练是非常严重的问题。一个好的工作准则很重要，但是有时休息比继续向前更需要勇气和智慧。很多人都认为训练效果不好或比赛成绩差是由于运动员没有充分努力训练所致，事实上，成绩不理想却是过度训练的恶果。本章将向大家说明一个最重要的成功训练概念。

训练包括跑步，但并不仅限于跑步，训练也需要身体上、精神上和情感上的共同提升努力。要想使训练有效和比赛成功，不仅要挑战身体极限，也要学会如何从疲劳中恢复过来。

塞利全身适应综合征

挑战是对身体资源需求的表现，挑战可以是身体上的，也可是精神上的、情感上的。身体所感知的挑战水平取决于身体资源的多寡。

人体资源的意义为人体现有的 12 个系统目前的状况。尽管它们都同等重要，但心血管系统、呼吸系统和肌肉系统对跑步者来说更重要些。通过提供结构、反应、能量和运动,这些系统对挑战产生反应。一个设计良好的跑步训练计划,其目标是增加身体资源。当满足挑战时的身体资源用尽时,就要在恢复过程中重建并提高身体资源。

恢复是指没有挑战且主动地、持续地恢复身体资源,在恢复中产生适应。

适应是身体资源的提高。适应是挑战刺激而成的,但它只发生在恢复中。太多的挑战就会耗尽身体资源;而太多的恢复就限制了资源的提升。将挑战与恢复间平衡的智慧是使身体资源适应训练挑战的最佳方法。

应激

适应挑战是提升的关键。了解适应过程,有助于理解塞利博士的"全身适应综合征理论"。他的里程碑式著作《生命应激论》(*The Stress of life*,1956,New York:McGraw-Hill)总结了适应研究成果。

20 世纪 30 年代初期,塞利还是奥地利的一名医学生。他发现,几个症状如关节痛、喉咙疼和低烧等通常是其他严重疾病的先兆。他想知道"一点小病"到底意味着什么。这些症状是否可以预防?如果能,如何预防?在这个阶段该怎样治疗?

他选择了毕生研究身体对持续性挑战的反应情况, 并用了一个我们现在非常熟悉的词描述这个现象:**应激**。尽管过去人们也用"应激"这个词,但塞利是第一个将其用于生物学范畴的人。他发现,严重的隐匿性改变伴随着许许多多挑战,身体的三个部位对过分的应激产生负面的反应:肾上腺系统、淋巴系统和消化系统。后来的研究者发现还有下列系统:脑垂体、胰腺、肝脏、肾脏和性激素。表 4.1 列出了应激相关的问题。

表 4.1　过度应激产生的问题

减少	增加
氨基酸摄入	蛋白质分解
肌肉修复	感染
白细胞	胃溃疡
铁储存	血压
免疫反应	皮质醇
肾上腺素	情绪紊乱
睾酮水平	

应激警觉期

塞利把身体对挑战的反应分成三个时期:警觉期、适应期和衰竭期。警觉期包含两部分:第一部分是面对挑战。神经和身体激素信息动员身体内各种资源以应对挑战,并逐渐耗尽。警觉期的第二部分是恢复——挑战已解除,各种资源又逐渐恢复。正常情况下警觉期持续 24~72 小时,但也可能持续更长时间,取决于挑战的性质。例如,马拉松跑之后,恢复期可持续 4 周时间。图 4.1 描述了"全身适应综合征"的组成部分。

塞利对警觉期是这样描述的:"在警觉期中,身体经历了能源、结构和原材料储备的调动、利用与排空,也经历了明显的细胞结构的损坏。没有哪种有机体可以持续保持在这个应激阶段。有机体在该时期要么抵抗应激源,要么死亡。大多数情况下,有机体都是抵抗应激源并逐渐适应。"(摘自塞利所著《生命应激论》)

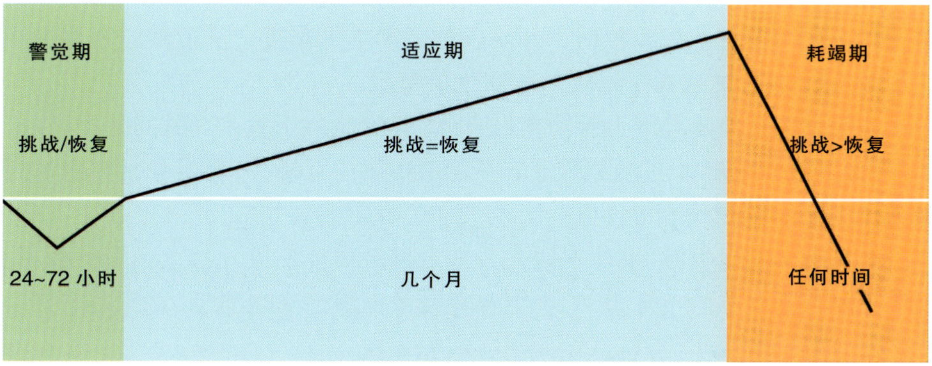

图 4.1 全身适应综合征警觉期、适应期和耗竭期。

警觉期的恢复部分重建各种物质资源,如果有适当的食物摄入、休息、睡眠和放松,各种资源将会恢复,身体就会抵挡住这些应激并逐渐适应。

应激适应期

当警觉期会不断且理性地重复,挑战与足够恢复间便达成了平衡,身体的各种物质资源就会逐渐增加。这时就在警觉期的重复中进入到适应期。这个时期可长达 11 个月,各种物质资源才可看到明显的增加,运动能力和健康改善。参照图 4.1,资源水平增加使挑战与恢复平衡时需要几个月时间。

表 4.2 列出了当挑战与恢复达到平衡时某些物质资源恢复的情况。如您所见,良好的挑战与恢复平衡影响到一系列身体功能的改善与跑步能力的提高。

表 4.2　挑战与恢复达到平衡时物质资源的恢复

结构	氧运输能力	代谢改变
骨骼更强壮	心搏量增加	有氧代谢酶增加
韧带更强壮	心脏血管增多	无氧代谢酶增加
肌腱更强壮	心肌收缩力增加	肌肉内 ATP 增加
软骨的压缩性增加	心率的迷走神经控制增加,使静息心率减慢	肌肉内 DNA 增加
肌肉蛋白增长	血容量增加	肌内钙离子增加
神经抑制减少	肌肉毛细血管增加	糖原储备增加

应激耗竭期

如果挑战持续时间太长,挑战太剧烈,恢复又不充分,或者同时还有其他生存挑战,适应与热情将被受伤、疾病、厌倦和疲劳所取代。这时便进入到塞利所述的第三期——应激耗竭期。在此时期,身体各种能源水平都进一步下降到初始水平以下。如图 4.1 所示,挑战大于适应时所发生的情况。

耗竭期发生时伴随着肾上腺功能的下降。肾上腺位于每个肾脏的上方。在受到应激时,肾上腺会分泌肾上腺素到血液中帮助身体应对挑战,肾上腺素与身体各个组织器官相互作用使身体超负荷。

当肾上腺功能受损时,机体不能充分地对挑战产生反应。在运动训练中,这意味着您不能达到训练的正常水平,会更容易疲劳而不是充满力量。在跑步竞赛时意味着您可能暂时保持步伐,但是在冲刺时不能加速。

塞利发现,肾上腺反映了全身适应综合征的阶段。在警觉期和适应期,肾上腺坚实,体积适度,充满了维生素 C。在耗竭期,肾上腺肿胀,维生素 C 缺乏,脂肪沉积。如果耗竭期持续时间加长,肾上腺将变小、变硬,并且几乎完全丧失释放肾上腺素的功能。

您可以从许多迹象来辨识耗竭期是否出现。然而许多时候,当跑步者观察到过度训练的征兆时会误判其原因,会进一步增加挑战来应对,这是错误的。此时**唯一**的解决办法是减少或去除挑战。如果不确定,那么就**休息**。表 4.3 列出了耗竭期的征兆。

表 4.3　显示耗竭期的征兆

挑战感觉更难
兴奋起来更难
向目标前进感觉需花更多时间
激惹性增加

（续表）

对周围事情失去兴趣的情绪增加
出现不正常的体重下降
食欲下降
睡眠质量差
面色差、皮肤差
起疱疹或口腔溃疡
肌肉及关节酸痛增加
运动心率、静息心率和晨脉升高

达到挑战与适应的平衡

阿瑟·立德(新西兰奥运跑步冠军及著名的奥林匹克跑步教练)和比尔·保尔曼(美国著名的奥林匹克跑步教练和俄勒冈大学终身教练)都是科学健身跑的早期倡导者,他们一致认为,尽管适当训练最佳,但与过度训练相比,训练不足更好些。在参加重要比赛时,停留在适应阶段中,即使没有达到最好的状态,也比进入耗竭期更好些。

尽管上述两位教练都知道训练到正好不容易,但他们还是建议跑步者"适当训练,不要过分"。他们认为,聪明的跑步者享受跑步过程,因为他们足够自信,明白想要进步并不需要总是挑战自己。等到了真正比赛时,健康、功能健全的肾上腺将会使跑步者从平日训练中和自身状态中获得最好成绩。

每年您应该至少抽出 1 个月时间不进行严酷的训练、加速跑和比赛,而应该做做步行运动或者参加其他娱乐性活动,大家知道休息(recreation)=重塑(re creation)。您休息时,身体的各种资源水平将有所降低,但不会回到初始水平,您会在新的初始水平开始下一个赛季的训练。

赫伯·林赛的训练是根据身体应对跑步训练挑战反应三阶段设计的。林赛是 20 世纪 80 年代美国道路跑步赛优秀运动员。林赛训练方案为:在警觉期他采取能应对的挑战水平,他采取难易交替的训练方式,每 12 周参加一次比赛。除非比赛是锦标赛,他都要确保比赛和竞技的节奏不会引起过度疲劳,之后他休息 1 周。因此,在 1 年中总的休息时间加起来共有 1 个月。休息 1 周后,他就开始一个新的训练计划,而且初始水平高于原先水平,因此,当他达到最终的比赛目标时,他的体能状态是最佳的。

他的经纪人对他提出建议,如果能参加更多的比赛,就能赚更多的钱。他听从了经纪人的建议，在第二年年底，他深陷身体耗竭期，他没有赢得那年的比赛，而且与那年的冠军差距很大，不久就退役了。

与林赛形成鲜明对比的是，1992 年美国奥林匹克田径赛中塞利·司迪丽的备战，比赛前 3 周在圣何塞参加 3000 米比赛时成绩很差。她告诉我感觉有些疲乏，作为她的教练，我一点也不吃惊在比赛中她的成绩如此不如意，因为先前 2 周的训练有些偏差。大多数运动员和教练面对这种情况都会认为应该再多加些训练，增加难度。我牢记塞利理论，并说服了她，在接下来的 10 天里，我让她脱下跑鞋，去打毛衣，休息几天。结果，她在新奥尔良 3000 米决赛中取得了最好成绩，并进入了奥利匹克国家队。

5 日常身体能源的恢复

第 4 章强调了平衡挑战与恢复的重要性。教练和运动员通常都不会讨论恢复的问题，或者重视它，几乎总是在事后才会想起这件事。然而，想要提高运动能力，恢复与挑战同等重要，需要像应对挑战一样很好地谋划与实施。如果不重视恢复问题，不可能有体能的提高。

恢复的目标是恢复在挑战中消耗的能源物质。如果挑战和恢复恰当，身体能源不仅能够恢复到先前水平，而且可以超过训练前水平。您将会逐渐建立起能够使肌肉更强壮、跑步更快、耐力更强所需的能源物质储备，这才是真正的适应期。

营养

恢复受许多因素影响，营养是第一位的。如果不为身体重构提供基本的原材料，恢复就不会发生。食物营养越好，能量消耗越及时，恢复就越好。在本书第二部分中我们会详细讨论训练前后营养的问题，本章我们仅讨论总体的营养学问题。

不是所有的食物都能产生等值的能量

1993 年，工作在得州达拉斯库伯诊所的罗伊·瓦特白丁博士出版了《营养价值点》(*Nutripoints*)一书，如今已经发行第 5 版了。在书中，他评价了许多食物，并给每种食物都赋予了一个营养价值分值。他的分级方法不需要检测这种食物的构成——比如糖、蛋白质、脂肪、矿物质、维生素和纤维素等成分，而是只需看食物的分值即可，这些分值是依据每种食物营养构成得出的。起初，很难解释这些营养价值分值，因为是不等量的食物进行对比，如盎司、杯子、汤匙等在做比较。1993 年我将这种方法用等量食物进行标准化处理，之后食物间相互比较就可行了。

这个分类系统解决的另一个问题是，只要扫一眼就能够看出在一种食物分类中哪种食物最好。这个以 10 分制计算的营养价值分值标准化分级系统使人们很容易在食物阶梯中定位各种食物的营养价值。每类食物中最高分值是 10 分。

在该分类系统中,各种食物标为正分或负分,得正分的食物有益于健康,促进能源物质的恢复;获负分的食物可提供卡路里(能量),但实际上会从补充或恢复能源物质中抽减物质。因为它们缺乏营养成分,从身体能源物质中获取需求比它们提供的更多,它们除了热量外,几乎什么营养也没有。有些甚至含有身体不需要的化学成分(例如食物添加剂),这些没有营养成分的食物在行为、健康以及金钱的意义上都是代价昂贵的。但并不意味着您不能吃这些食物,应限制摄入它们,而且不要用它们替代真正有营养的食物。

通常,人们会根据食物所提供的营养物质的类型把它们分类。身体需要从每组食物中获取不同量的食物,所以,在不同组间没有可比性,也不要试图多吃某组食物不吃另一组食物以此替代其营养。每组食物都提供特定的营养素,各组都是身体所必需的营养素。表 5.1 和表 5.2 给出了每组食物中排在前 10 名的正分食物和最后 5 名负分食物。

表 5.1　蔬菜、水果和谷物的营养分值表

正分值	蔬菜	水果	谷物
10	球形甘蓝	奇异果	麦麸
9	胡萝卜	甜瓜,哈密瓜	麦芽
8	菠菜	蓝莓	麦片
7	西兰花	覆盆子	全麦麦片
6	芦笋	杏	燕麦片
5	菜花	无花果	混合麦片
4	卷心菜	草莓	菰米
3	蘑菇	李子	全麦意大利面
2	南瓜	枣	糙米
1	西红柿	葡萄干	全料意大利面
负分值			
–5	薯饼	果酱	快餐馅饼
–4	炸薯条	冰冻果子露	甜甜圈
–3	速食汤	果汁	甜点
–2	薯片	派	快餐炸吐司
–1	洋葱圈	果粒饮料	曲奇饼或饼干

表 5.2　豆制品、奶制品和肉类的营养分值表

正分值	豆制品	奶制品	肉类
10	葵花子	脱脂奶粉	金枪鱼
9	腰果	脱脂奶	有机牛肝
8	鹰嘴豆	奶酪	鲑鱼
7	菜豆	酸奶	剑鱼
6	豌豆	阿华田	有机肝泥
5	青豆	2%牛奶	比目鱼
4	菜豆	全奶	去皮烤鸡
3	胡桃	巧克力奶	去皮鸡
2	煮黄豆	奶昔	比目鱼
1	南瓜子	瑞士奶酪	红鲷鱼
负分值			
–5	花生糖	人造奶油	意大利辣香肠
–4	花生奶油杯	人造黄油	热狗
–3	巧克力皮花生	软干酪	火腿
–2	墨西哥卷饼	快餐奶昔	快餐炸鸡
–1	油烤核桃	快餐早餐三明治	快餐奶酪汉堡包

这个分级系统还有另一个优势，即可按照每组食物“抓一把”原则进食，就可以使食物中能量、碳水化合物、蛋白质、脂肪、矿物质、维生素和纤维素的消耗自动达到平衡，不需要再分别去计算各种食物中营养素或能量多少。

表 5.3 列出了一个体重 155 磅(70 千克)跑步运动员每天应该进食的各个食物组和以“一把”计算的各种食物的取用量建议。如果您的体重大于 70 千克，则可在每一类食物组中各加一把。如果体重小于 70 千克，则可在每一类食物组中各减一把。一般认为，在体重为 155 磅(70 千克)的基础上，每增加或减少 25 磅(11.25 千

表 5.3　每种食物类别的建议“一把”摄入量

食物种类	数量(把)[以 155lb(70kg)跑步运动员为例]
水	8~12
蔬菜	6~7
水果	4~5
谷物	3~4
豆类	1~2
奶类	2~3
肉类	1~2
垃圾食品，快餐	0~3

克),则可按上述办法增减"一把"食物。实验是以此为基数的,因为营养素摄入还受许多因素影响,变异很大,包括训练强度和时间。许多营养学家都采用了这种标准化的食物取用计量方法。以"一把"计量用量在实践中很实用,因为它随时可用:您只要轻松地"抓一把"就对了,它也比较准确,因为个头大的人手也大,个头小的人手相对小。

第一种食物类型是水。跑步运动员摄入足够的水十分重要,因为细胞必须在水环境中生存。如果水摄入量不足,细胞生存环境就会异常。

当使用这个表时,请考虑到不去皮的果汁与实际的食物价值是等量的。例如,一杯全果或全蔬菜做成的果汁等同于一把该水果或蔬菜。果干一般与两倍的鲜食食物等价,比如,一把苹果干等于两个鲜苹果。但要记住,如果吃大量干水果或烘干食物就要喝更多的水。如果把水加进食物中,比如水加入大米中或将水加入奶粉中制作的话,就要以烹饪好的食物计量大小,也就是要以米饭计量。

从食物中获得更多

当您去商场购买食物或准备食物时要记住,食物的分值是可以增减的,因为食物的生长、加工和准备方式不同,在购买食物时要考虑食物提供的分值:

- 食物是如何生长的:有机食品优于无公害的,无公害的食品优于大的农场企业生产的。
- 食物是怎样加工的:新鲜的优于冰冻的,冰冻的优于罐装的,罐装的优于加工过的(加入或去除食物中某些成分)。
- 食物是怎么做成的:新鲜的优于蒸熟的,蒸熟的优于煮熟的,煮熟的优于烤熟的,烤熟的优于煎烤的,煎烤的优于油煎的。
- 食物的贵贱:按照广告向您推荐的每磅价钱计算,也可按照食物中营养素的营养价值计算价钱。

一个有效的改变运动员饮食的方法我称之为"大餐日"法。每周中尝试6天时间进食健康饮食,而第7天,不管您选择星期几,都可以作为"大餐日"。在"大餐日"您可以吃任何想吃的食物,想吃多少就吃多少,也就是说在这天允许您吃您喜欢的任何食物,即使这样的食物对身体无益也无妨。这样有助于控制您进食不含营养素食物的摄入,这样不会花太长时间您就会不再想这个大餐日了,意味着身体逐渐适应了合适的饮食,不再渴望高糖、高盐、高脂肪食物和快餐了。事实上,如果您突然吃一餐高脂肪、高糖和高盐食物甚至会感到不舒服,就像我在纽约非常流行的餐厅中吃一餐富含脂肪的美味牛排后会感到不适一样。

每天从早餐开始

一定要吃早餐！新的一天要从为身体提供营养物质开始。清晨醒来不久为身体摄入食物是非常重要的，因为您已经空腹 8 小时了，因此，您需要打断(break)空腹时间(fast)，这就是早餐(breakfast)。身体需要补充原材料物质了。如果不吃早餐，可能会发生两件事：第一，身体感知到饥饿，进而倾向于储存脂肪，以备不时之需；第二，消耗葡萄糖，这个物质是晚间用于营养大脑的，不吃早餐的话葡萄糖储存会进一步排空，在接下来的运动训练中就没有可供利用的葡萄糖了。因此，不吃早餐会使身体储存更多脂肪和排空葡萄糖储备。此外，合理丰富的早餐将增加机体代谢率，更容易保持身体肌肉与脂肪的有效比值。事实上，一次短暂、舒适的晨间跑步锻炼就是为了刺激身体代谢的开启。

如果您以一份快餐或垃圾食品作早餐，会使血糖升高。然后不久，由于胰岛素释放以保持适当血糖水平，因此血糖会降低。这个过程中，血糖被清除到合理范围内，但储存成了脂肪，很快您可能感到饥饿并想吃甜品，逐渐形成了恶性循环。

早餐喝含咖啡因饮料会刺激身体快速释放肾上腺素，这是不利的，在没有参赛应激的情况下浪费了肾上腺素。如果在参赛前饮一杯中等量咖啡可刺激肾上腺素发挥作用，那么每天喝咖啡因饮料可以逐渐使肾上腺素效应失敏。

早餐吃得适宜且营养均衡非常有利于身体健康与疲劳恢复。早晨醒来就应该知道今天的训练与训练后恢复需要为身体提供哪种类型的适宜食物和营养素数量，以利于训练以及训练后恢复。您应该每天花些时间制订一个营养计划，连同训练计划，这两个计划目标对智慧的跑步训练都是至关重要的。

摄入足够能量

最后，在大强度、连续训练中需要比常人更多的热量。如果您了解训练结束后将消耗的饮食情况，并且在进食各餐营养食物后依然感到饥饿，那就需要吃一些高能量的食物了，例如小点心(饼干)、巧克力和冰激凌。作为运动员，可能需要比平常人更多的热量消耗，一些仅含热量的食物可能有助于重新恢复葡萄糖供应，但绝对不要以这些热量食物替代营养性食物，一定要在进食营养食物基础上按需增加高能量食物。在您感到饥饿时喝一杯巧克力奶也许是很好的选择，也可以在正餐间加一小餐，可以考虑每天 3 顿营养均衡正餐和 2 顿营养均衡小加餐。

营养补剂的考虑

健康饮食应该给您提供营养素丰富的适当食物，然而，跑步运动员可能身体消耗要超过大多数人所需。政府发布的正常人每日需要量和每日推荐需要量，并未发布每日最佳需要量。因此，为了确保每日得到足够的营养素以供训练所需，建议在此基础上增加适当饮食和营养补剂，特别是当您跑步记录已达到很长距离时。

对于各种营养补剂的价值有很多争论，某些可能是真实的，但如果您要详细查验各种争论的真伪，可能仅此工作就要消耗您毕生精力，因此，我们还要依赖科学文献报道以及经验。表 5.4 列出了一些可以考虑的营养补剂。列在第一栏的为补剂物质，第二栏是与之对应的有益作用。尽管到目前为止，研究还没有证明这些补剂可以在任何情况下产生广告所宣称的有益作用，但许多跑步者信任它们。如果这些物质没有被证明有害，且控制用量在合理范围里，潜在的益处可能大于风险。我辅导教练的运动员都感到这些补剂有益，我也这样认为。

除了维生素 C 之外，其他补剂都可按照药瓶上说明剂量使用。跑步运动员维生素 C 最佳剂量应该是每天补充 3000~6000mg。我的经验是，健康食品专卖店维生素专柜中可提供优质的维生素 C 补剂，而杂货铺、连锁药店以及大药店中维生素品质较差。

表 5.4　有益的运动营养补剂

补剂	有益作用
维生素 C	预防疾病，加速伤口愈合，促进肾上腺功能
复合维生素	确保充足的营养素消耗功能
维生素 D	增加免疫，促进骨肌健康
Ω-3 脂肪酸	增加免疫，调节血压
有机肝粉	为红细胞提供铁原料

睡眠与放松

影响恢复的另一个因素是给予身体足够的时间和适当的条件从跑步挑战中恢复。恢复就需要使身体处于一种非挑战的专注于恢复的环境中。睡眠是最好的办法。

在睡眠中，恢复是目标，大多数人每晚需要 7~8 小时睡眠。然而，我曾研究过奥林匹克级别的赛跑运动员，发现有效的睡眠时间是 6 小时 40 分钟直至 9 小时 20 分钟不等，在每天 24 小时时间的循环中有固定的睡眠地点和时间时，睡眠最有效。定时上床睡觉和起床可以增加睡眠。在这种情况下，身体内激素有节律地释放，身体处理各种生理过程形成了节奏。如果这种节奏不受干扰，身体功能就可以更有效地发挥。

定期放松也是十分重要的。不操心训练的自由时间以及处理其他生活事件的时间就成为非常重要的运动恢复时期。主动性休息,即在训练季或大赛之后,做一些自己喜欢的中等强度运动是一种休息方式。在主动性休息中参加一些赛季做不到的休闲体育活动也行。休闲娱乐是一种“重塑”(re-creation)。

运动员也可以每天给身体一点儿小假,眯几分钟对运动后恢复很有益。许多研究支持短暂而智慧的放松。赫伯·本顿,一位获得了中西医学位的哈佛教授兼医生写了一本书,叫作《放松反应》(*Relaxation Response*)(哈珀·柯林斯出版公司 1975 年出版第 1 版,最新一版是 2000 年版)。在这本书中,他给出了全世界所用的各种放松术。他发现在这些技巧中有 4 条是共通的:

- 要找一个安静的地方,
- 舒适地躺好,闭上眼睛,
- 让烦恼从脑中散去,
- 重复的轻柔声音有助于减少对烦恼的关注。

他的研究表明,人们一天中花 10 分钟时间放松,脉搏、血压和代谢率都将下降。人们还都说感觉自己充满活力。

气候与交通

气候和交通会影响跑步运动员。跑步运动将教会您关注内心感受,走出家门、办公室、汽车。大多数时间,外界是不错的,但是有时您需要有所准备以便舒适而安全地进入外界。根据气候条件穿衣可以帮助您保持身体能源,以便从运动中更快恢复,更重要的是避免疾病。

天气变化可能使您不适应,要尽快学会应对它的方法,特别是在酷暑或严寒天气。大多数长跑运动员要在公路上进行训练,这样才能适应比赛的需要,公路到处都有,随时可用。但在公路上训练使运动员面临最大的身体威胁:汽车交通。以下有几点处理气候与交通的技巧。

气候变化

在每天的跑步训练中天气不一定总是一样的。不要以为从窗中看到的天气就是您跑步时的天气,也不要仅根据气温表数据穿衣跑步。要每天查看天气预报和雷达天气图,关注云层的移动情况。随着时间的推移,您可能逐渐学会读懂云层移动图以及云的颜色,将它们作为训练中未来天气的预测依据。如果您多注意,需要多穿一件衣服或带上雨衣,就不会犯错;多穿一件衣服系在腰间比跑到半路看天气变了再跑回家更好,那样可能早已使自己冻得冷彻透骨,或淋成落汤鸡。

跑步会使您感觉在冬天不那么冷了,然而到夏天也不像以前那么舒服了。原因是 20°F 原则,即跑步者在冷天时感到更温暖,在热天时感觉到更不能耐受升高的温度。该原则认为运动员感知的温度以 20°F(或 10℃)的梯度提高。

例如,在 40°F(或 5℃)冰冷的早晨,跑步运动员会感到像 60°F(或 15℃)一样愉快;而温暖的 75°F(或 24℃)午后跑步运动员感到像 95°F(或 35℃)一样暑热。人的身体就如同一个性能良好的火炉,但却是一个很差的空调系统,在冷天可以保持温暖,但在热天降温能力却较差。

跑步训练时要记住 20°F 原则,合适的穿衣应是以跑步训练中期身体感到的温度作为参考,而不是刚开始跑步时感觉到的温度。穿多层衣服是一个技巧,当身体变热后可一层层脱去。夏天要在温度还没有升高的较凉爽时间段训练,如果可能应在一天中最冷的时间内进行,而在冬天则应在较温暖的时间段进行锻炼。

不要因为夏天天热或冬天寒冷而把自己圈在室内。如果穿衣适当,您可以在任何季节进行安全训练,但是必须考虑极端天气训练的风险,热天可能会导致热衰竭(中暑),冷天可冻伤或得低温病。湿度过高会使热天气感觉更热,身体不能有效地冷却下来;风大会使冷天感觉更冷。

热天分级表

表左侧两栏显示的是温度,后面几栏是湿度水平;用字母代表一天中跑步条件的优劣,A 表示为跑步最好的天气条件, 而 F 表示最差的天气条件。在 70°F (或 22℃)以下温度以及该温度点稍上,任何湿度条件下,您感觉有些冷的情况都属于

温度(°F)	温度(℃)	湿度(%)								
		20	30	40	50	60	70	80	90	100
70	20	A	A	A	A	A	A	A	B	B
75	24	A	A	A	A	A	B	B	B	C
80	26	A	A	B	B	B	B	C	C	C
85	29	B	B	C	C	C	D	D	D	D
90	32	C	C	D	D	D	F	F	F	F
95	35	D	D	F	F	F	F	F	F	F

A 级；而任何湿度条件下 95°F(或 35℃)温度都归为 F 级天气。

冷天分级表

表左侧两栏显示的是温度，后面几栏是风速水平；用字母代表一天中跑步条件的优劣，A 表示为跑步最好的天气条件，而 F 表示最差的天气条件。在 35°F（或 1℃)以上温度以及该温度点稍下您感觉有些热的情况都属于 A 级；而在大多数风速条件下−10°F(或−19℃)温度都归为F 级天气。

温度(°F)	温度(℃)	风速(mph)								
		微风	5	10	15	20	25	30	35	40
		风速(m/s)								
		微风	2	5	7	9	11	13	15	17
35	1	A	A	A	B	B	B	C	C	C
30	−1	A	A	B	B	B	C	C	C	D
25	−3	A	B	B	B	C	C	C	D	D
20	−6	B	B	B	C	B	C	D	D	D
15	−8	B	B	C	C	C	D	D	D	F
10	−10	B	C	C	C	D	D	D	F	F
5	−12	C	C	C	D	D	D	F	F	F
0	−15	C	C	D	D	D	F	F	F	F
−5	−17	C	D	D	D	F	F	F	F	F
−10	−19	D	D	D	F	F	F	F	F	F

使用热天分级表和冷天分级表来做跑步训练计划，分级表中从 A 到 F，A 代表好天气，F 代表不安全天气。

当然每个人对热和冷的反应是不同的，跑步运动员在各种天气条件下训练，可形成一定程度耐受，也要学会如何穿衣以适应天气变化。

道路交通

幽静小路或田径跑道对跑步者来说是最好的，但也不是必须。能走路的地方就能成为跑步的场所。这意味着许多人习惯于在道路上跑步。因此，为了远离交通意外，请遵循下列原则：

- 选择有人行道或有较宽路肩的道路跑步，而且要迎着车流方向跑。
- 总是重复地在同一路段进行跑步可能会引起过劳性损伤，尤其是倾斜度的路面，要避免之。因此，跑步时要选择不同地面、不同拐角的路段交替地进行，并且要牢记永远要迎着车流方向跑，不能反方向！如果有草地、小径、自行车道和平坦的人行道更适合跑步。

- 不要错占车道跑步，因为通常道路是属于那些坐车或开车人的，包括自行车道、铲雪车道等；也要尽量避开狗，如果您恰巧迎面碰上一条狗，最好停下来，直视它，并伸手恐吓它退开。
- 如果和别的跑步锻炼者或步行锻炼者相向而行，请大声告诉对方“我从左边过”或“我从右边过”。
- 要礼貌地对待汽车司机，不要因为侵占其道路、或突然冲到他们面前或大声辱骂他们而激怒对方。
- 预先判断司机行车时所思所想，在危险路口用眼神交流。
- 跑步时头应挺直向上，眼盯路面，保持警觉，在长时间跑步如几英里后还要与疲劳瞌睡做斗争，不要忽视道路状况以免发生危险。
- 在白天穿鲜艳轻便服装，在晚间穿带反射光的鲜艳衣服跑步。
- 关注周围环境变化，不要在跑步时听音乐、戴耳机和做其他分散注意力的事情，要专注于周围环境，以免意外发生。
- 除了车之外，在道路上跑步时还有来自其他方面的危险，跑步者尤其是女性，经常成为一些不法恶人的袭击目标。为了保护自己，要选择危险度最小的地点和时间段，同时要对危险保持警觉，可随身携带喷雾保护剂。

按摩

按摩是一种更积极的促进恢复技术。按摩不仅有助于从某些损伤中恢复，还能够改善血流，促进营养物质通过血液进入细胞，并且从细胞中带走废物；按摩也可减少肌肉的不自主收缩而使肌纤维放松拉长。健康学研究机构、按摩专业人士都声称，深度按摩可以松解肌肉中的瘢痕组织，促进组织愈合，有助于松解肌肉损伤及损伤引发的瘢痕组织。深度组织按摩也有助于减少瘢痕组织，从而降低肌腱、关节、韧带上的应力，有助于减少损伤风险。

如果您有条件，那么在大强度跑步训练后可安排按摩，但在开始大强度训练前，或比赛前，或强力跑步前不能进行按摩，如果非要进行也只能做非常轻的放松性按摩。在训练恢复过程中每两周至少要进行一次按摩。在重要比赛的前3 个月中每周按摩一次是最有帮助的。

预防疾病

预防疾病是训练恢复的另一个重要主题。如果不生病,就无须花费宝贵的时间和精力从疾病中恢复。有时不管您怎么做,病菌都会找上您。但大多数时候您是否会感染病菌取决于您自己的预防措施如何,而不是取决于病菌。

每次跑步训练的后半时段以及训练后的两小时是身体免疫系统的低迷时间,非常容易感染疾病。如果遵守饮食指导和适当休息促进恢复的原则,感染疾病的概率会大大下降。以下习惯可帮助您保持健康:

- 运动时穿着适当。寒冷天气训练时穿多层保暖衣服,并将头部、咽喉、胸部和手部遮挡好——记住,您随时可以脱掉它,但是如果您没穿够,就没有办法了。
- 适当热身运动,并且热身后立即投入训练,不要拖延时间。
- 保持在训练目标参数水平内,如果对此不确定,训练宁少勿多。
- 训练后要尽可能在 30 分钟内重新补充蛋白质、碳水化合物和液体,这样有助于恢复。
- 完成训练后到冲澡这段时间要保暖,并且尽可能在训练后立即去洗澡。
- 吃好喝好,确保摄入足够量水分。
- 每晚固定时间上床,保证充足睡眠。

恢复指标

在西部运动中心当教练时,我进行了为期 10 个月的研究,观察疾病的发生是否可以预料。我希望得到答案,如果疾病是可预料的,那么就可预防它。只有预防疾病才能保证持续训练。

在这 10 个月中,我观察了 25 位优秀跑步运动员的共 30 个潜在的恢复指标,并对健康运动员和生病运动员的各项指标进行了比较。结果显示,其中 12 项指标在疾病发生前的第 1、第 2 和第 3 天中生病运动员与健康运动员明显不同。

正常恢复的各项指标提示,从先前训练的身心疲劳或不良情绪中的恢复已经发生,并且疾病风险也有下降。运动员可以每天清晨监测这些指标来了解恢复状态,并利用这些信息决定接下来的训练。

从这些指标中我们鉴定出其中 4 项,大多数人可以在清晨醒来立即进行检测、判断恢复与否，与昂贵设备监测结果一样有价值，几乎不花钱就可实施。它们是晨脉、晨起体重、上床睡觉时间和自我感知的睡眠时间。

您自己可以每天清晨监测这 4 项指标，加以记录。不用变成强迫症似的，很自然地形成习惯。如果您某天忘记测了，也不用再补测。但是这些指标确实可提供有价值的信息，请尽可能地养成习惯去监测训练恢复。

只要一早醒来，记录 1 分钟晨脉，用秒表或手表记录，也可用些应用软件或智能手机。只要一起床就要排空尿便，称量体重（净重），称完体重再吃早饭。确定上床时间，计算睡了几个小时。

如果您持续记录了这些资料，您将看到保持健康的指标状态。2~3 周后确定每项指标的平均值。通过比较当天的测试结果与平均值间差距。可以用每天这些数字来确定您是否有生病风险或完全从病中恢复。

这些恢复指标也可以为您提供是否有能力成功地完成预定训练任务目标的有效线索，并指导您确定是否需要加大或减少训练量。表 5.5 列出了这 4 项恢复指标以及身体需要恢复的时间值。

表 5.5　4 项运动恢复指标

恢复指标	未完全恢复指标
晨脉	高于正常 10%
空腹体重	低于正常 3%
上床睡觉时间	晚于正常 40 分钟
睡眠时间	少于正常 10%

这些数据意味着什么呢？在西部运动员训练队中，我们告诉运动员：如果其中 1 个指标超出正常，他们应该看到当天训练量比通常稍大的征象，要准备降低一些训练量；如果其中两个指标异常，应该肯定他们需要休整一天；如果两个以上指标异常，他们一定要休息一天。我用过这种指南很多次，屡屡奏效，并在训练中推荐给大家。

6

女子跑步健身

男人和女人在许多方面共同点远远多于不同点，事实上，现如今女人能够参加各种不同水平的竞技运动比赛，而且能够达到早先人们认为在竞技运动中只有男人才可以达到的目标。但从进化上来说，男人和女人的发育具有不同的目的，这是由女人身体中雌激素和男人身体中睾酮来决定的。性激素在男女跑步运动员的差异上发挥了重要作用。男人在青春期后睾酮的分泌导致他们具有更宽大的骨骼架构、更大的上半身以便拥有更大的肺容量、更粗大的肌纤维以及更大的肌肉块、较长的腿、更壮的骨骼，特别是肌肉附着部位的骨骼更粗壮。

而女性青春期后雌激素的分泌是为其孕育胎儿做准备的。她们骨盆更宽大，柔韧性更好，尾骨活动性更好，骨盆前倾更多，周径更宽。

一般来讲，女人骨密度较男性低，肌肉较少，基础脂肪较多。这使得女人看起来相对于身高来看腿较短，关节活动更灵活。肩关节前部、腰椎、肘关节和手指关节柔韧性非常好。

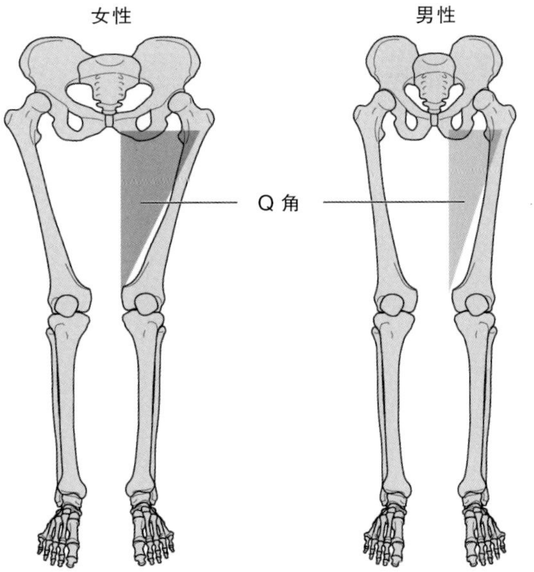

图 6.1 女性和男性 Q 角图示。

骨盆由骶骨、髂骨、坐骨和耻骨构成。青春期后这些骨骼相互融合成为一个整体，支撑脊椎，保护腹部内脏。男人盆腔狭窄，呈心形；女人盆腔宽阔，呈圆形，为孕育胎儿和分娩做准备，它保护子宫、输卵管和卵巢。

股骨和胫骨间的角度男女也不同，女性约 17°，而男性只有 13°，因为女性骨盆更宽大。该角是由骨盆的宽度测出的，称为Q角(图6.1)，它决定了前交叉韧带的活动空间。

前交叉韧带连接股骨和胫骨，为膝关节提供稳定性，避免膝关节胫骨向前移动太多和内旋太大。当Q角增大，而膝关节伸直、弯曲、扭转和过伸时，股骨末端骨突(股骨髁)容易卡在前交叉韧带。女子膝前痛通常由于Q角过大所致。挤压卡住前交叉韧带，容易造成撕裂，因此，女子较男子发生更多的前交叉韧带撕裂和损伤。例如，男子扭转伤可能只是牵拉了前交叉韧带，而女子同样的扭转伤可能引起前交叉韧带撕裂。由于女子有更高的前交叉韧带损伤概率，因此，女子参加运动前更应该强化膝关节周围肌肉力量，保护膝关节韧带。

肌肉块

雌激素限制肌肉生长，而睾酮则刺激肌肉生长，结果在全身所有肌群中，女子肌肉质量相当于男子的1/3，肌肉力量相当于男子的2/3。

女子与男子一样，单位肌肉横截面积可产生同样的肌肉力量。尽管男子与女子拥有等量的肌纤维数量，但女子的肌纤维细小，横截面积不大，所以肌力小。事实上，如果一磅对一磅地比，男女肌力没有差别。

男子和女子对抗阻训练的反应是相同的，然而，由于激素的差别，女子经过抗阻训练后肌肉的增加不如男子多，但她们肌肉组织的组成和对渐进抗阻训练的反应是一样的。男女性可以通过训练获得肌肉的增加，但是男子肌纤维较粗，肌肉获得的更快。

女子上身肌肉力量相对较弱(少40%~50%)，而腿部肌肉力量比男子弱20%~30%。实际上，女子下半身力量相对更大，因为她们宽阔的骨盆为肌肉提供了更坚实的根基。女子更容易做下蹲和工字步下蹲动作，而做俯卧撑和引体向上比较困难。

身体脂肪

整体讲，女子比男子储存更多的脂肪，平均来讲约占女子体重的27%，但男子体脂约为体重的15%。

脂肪分为必需脂肪和非必需脂肪。必需脂肪的作用是进行有效的代谢、神经冲动传导、构造细胞结构和避免损伤，对男女都很必要。女性特异性脂肪储存在乳腺、皮下、骨盆、髋关节、大腿和臀部，这些脂肪对养育胎儿很重要。

我们都知道非必需脂肪，它们来自于过度饮食和缺少锻炼，它们减少了身体功能的有效性，特别是不利于心血管系统。过多脂肪也会减少热量散失，升高内部体温，女子出汗的体表温度和中心体温比男子高，因此女子比男子更不耐受高温。

尽管非必需脂肪妨碍女子的运动耐力，但女子较高的必需脂肪百分比，相较于男子，更有助于完成更长时间的耐力运动，它可使女子储存更多的糖原。当运动中糖原耗竭后，在生成能量的同时也产生了较多的氢离子，肌肉收缩力会下降，并且会出现肌肉疼痛。

$\dot{V}O_2max$

如第 1 章所述，$\dot{V}O_2max$ 表明您在运动中所能消耗利用的最大氧量，它的测量单位是 mL/(kg·min)，它是有氧耐力体能的指标。

平均来讲，男子有更高的$\dot{V}O_2max$ 水平，因此有更大的有氧耐力，理由如下：

- 男子比女子有较大心脏。
- 男子比女子在每次心跳中泵出的血液多 16%。
- 男子比女子有更高的肺功能容量，约高出女子 25%。
- 男子的血红细胞数量比女子更多，并且每个红细胞中血红蛋白也较多。

由于这些差别的存在，男子转运氧气到细胞的能力要显著大于女子，所以跑步更快。平均来讲，女子较男子跑步运动时间上慢 15%~20%。

心率

心脏是一个具有四腔的泵。上面两个心腔叫心房，接受来自周身和肺脏的血液；下面两个心腔叫心室，泵出血液至全身和肺脏。心脏每一次跳动都会迫使血液从心室进入动脉。静息状态下，一个男子每次心跳心室泵出 70mL 血液，而女子只有 63mL。

如果男子每次心跳泵出血液 70mL，平均每分钟心脏跳动 70 次，则心输出量为 4900mL/min（70mL×70bpm*=4900mL/min）。而对于一个以同样心跳频率的女子而

* 注：bpm 即每分钟心跳次数单位。

言，心输出量为4400mL/min（63mL×70bpm=4400mL/min）。若要达到4900mL/min的心输出量，女子心率要达到98bpm才行。这意味着如果女子要与男子一样的速度跑步，她的心率要更高才行，而且她要更快地达到其最大心率。即女子的心脏要以更快的心率才能达到具有较大心脏男子所达到的心输出量。

男子一般心率在70~72bpm，而女子一般心率在78~82bpm。男子马拉松世界冠军的最低静息心率可在30岁左右出现，而女子马拉松世界冠军的最低静息心率则在40~45岁左右。

心理

我在做男子和女子马拉松跑步运动员教练的几年间，发现男子和女子自信心的方式是不同的，性别差异从很早开始就有影响。

我执教的男子跑步运动员喜欢勇争第一，总是寻求个人褒奖，他们通常过于自信、粗狂，总想证明教练是错的。一般情况下，他们确信自己正确无比，甚至与教练对着干。男性倾向于推脱罪责，总是把批评转嫁到团队中去。他们总是更关注运动的竞技性，挑战会更加激励其斗志。

而我执教的女子跑步运动员，很多时候，她们总是感觉“我们是一个整体”，更容易受到各种社会机遇和团队协作所激励。通常她们会敞开心扉，虚心接受他人意见，愿意接受教练的指导，尝试新观念、新方法。在训练中女子比男子更投入。

月经周期

月经一般从女孩子十几岁开始，50多岁结束。一个月经周期持续26~35天，由激素控制，主要是雌激素和孕激素。

当卵巢释放的卵子没有着床时就刺激月经周期开始，表现为排出25~65mL血液和体液，通常持续3~5天。在这段时间，女孩子情绪会波动，应激原对她们的作用更明显，反应时间减慢，免疫功能有所下降，雌激素和孕激素的排出减少。

大强度训练会刺激炎症反应，可引起铁吸收减少。铁离子下降和铁吸收减少通常不会影响运动能力。然而失血严重时，比较明智的做法是检测铁蛋白（一种细胞储铁蛋白）。铁蛋白下降表明已经发生贫血。

月经期并不是跑步最困难的时段，但应减少训练量，因为红细胞减少，氧与红细胞的结合就减少。在此时期也需要避免强力的力量训练。

在月经周期第 6 天，卵泡开始生长，之后，雌激素和生长激素触发了卵巢中卵子发育。雌激素使子宫内膜增厚，为卵子着床做准备。由于机体增加了糖原吸收和储存，此时期宜从事低强度、较大运动量训练和非负重性运动训练，如游泳和骑车锻炼。

卵子着床期约在月经周期第 11~15 天。卵子成熟，从卵巢释放出来，运行到输卵管中，再进入到子宫。在着床期，雌激素水平下降，孕激素水平升高。在此期间应该再回到高强度、低训练量锻炼。在行为上也有相应的改变，如缺乏热情，耐力下降，比赛潜能降低。

如果卵子在 2~3 天内没有着床，卵泡便降解，卵子也碎裂。此期称为黄体期。此时孕激素增加引起黄体破裂。此期间许多女性会出现卵潴留。

此期间发炎的一些变化会使跑步更困难。激素的改变会使蛋白更容易破裂，导致肌肉耐力降低。孕期的增多会刺激膈神经，引起过多 CO_2 排出和呼吸频率加快，因此，乳酸盐阈的下降，无氧做功更困难。此期，血浆容量也会减少，血浆是汗液之源，如果出汗减少，体温会升高。血浆容量减少也会引起血流变慢、瘀滞，从而增加乳酸盐的形成，降低氧运输。

此期训练前和训练中要多喝水以便恢复血容量。强调进行低强度和较大运动量的训练，包括非负重运动，有助于减少蛋白降解。

孕激素增加之后紧随着就下降，引起子宫内膜脱落。此期间情绪波动大，由于注意力涣散，紧张性刺激更困难，反应时间更慢。此时可能是最好的恢复时期，也是减少紧张性刺激的最佳时机。

内膜脱落排出子宫时，导致月经来潮、出血。下一个月经周期再次开始。

如果参加比赛最难的时间是月经来潮的前一周和着床后的那一周，那么什么时间最适宜呢？虽然每个女子月经周期略有不同，但月经来潮后那一周看起来是参赛的最佳时段，其次是月经期，当然第 1 天除外。在月经第 1 天通常女子会感到身体发胀，有时还感到压抑，跑步表现很差。如果您对此感兴趣，可以观察看看是否在月经周期第 9~12 天和第 17~20 天比赛成绩比较好。试试看！

月经失调

有些女子月经周期稍长或稍短，每个时期也稍有不同，可以摸索出其规律，提前予以考虑。然而，女子正常的月经周期受到某些因素影响时就会发生紊乱，比如情感应激、疾病、感染、服用中西药物或训练水平改变等。了解这些潜在的影响因素,必要时可对其调节以利训练。

体重也可影响月经周期。体脂过多可引起异常出血。体重极低可引起闭经,即无月经,并会发生骨质疏松症、肌肉损伤和携氧能力下降。从各种食物补剂中或蔬菜、深色蔬菜、奶酪、坚果、西兰花、沙丁鱼和鲑鱼中摄入高钙食物有助于预防骨质疏松症的发生。铁对携氧能力很重要,可从食物肝脏、菠菜和某些谷物杂粮中获得。

有些影响女子月经周期的因素是无法掌控的,包括激素不平衡、激素分泌节律异常、性腺轴功能障碍、疾病或衰老造成的子宫和卵巢功能改变。

女性到三十多岁后卵巢中雌激素和孕激素就开始下降,骨质疏松症逐渐威胁女子健康,此时要保证摄入足够的含钙食物,并在运动锻炼中加强力量训练。

经前期综合征(PMS)常表现为身体和情感上的改变。最常见的情感问题是情绪波动大,失去自信和注意力差。常见的身体症状包括体重增加、脚踝肿胀和头疼。现在已经有售相关药物对抗 PMS 严重症状,但药物会干扰细胞能量生成。在饮食中增加水果和蔬菜有助于减轻 PMS 症状。

有些运动员为治疗 PMS 会服用避孕药或调整月经周期以适应比赛。这样做要慎重考虑,并在医生指导下进行,因为这样做会产生明显副作用:水钠潴留,复合维生素 B 受阻,碳水化合物吸收减少,以及红细胞再生能力下降。

记录跑步日记并对月经周期进行详细记录有助于了解上述情况,对适当控制有益。注意记录您每天跑步时的感觉,并观察有无 PMS 发生。

女子月经周期明显变化意味着怀孕了。在怀孕期,中等强度运动对母子都有益。在孕期头三个月女子跑步锻炼是安全的,在中间三个月绝大多数孕妇跑步也比较安全。在孕后期三个月时孕妇跑步运动较困难,因为身体分泌激素使肌腱和韧带减弱,以使分娩胎儿时产道扩宽。水中跑步运动对此期孕妇较好。要记住,身体中心温度升高到 101℉(约 38℃)会增加先天缺损风险,因此,在热水中跑步要当心,应该远离热浴和漩涡浴。

女运动员三联征

女运动员三联征是一种严重的病症,通常发生于过度训练的运动员。如果跑步女运动员患上此症,可表现为自身形象认知扭曲,错误地认为跑得越多、吃得越少越好,最终影响健康。她们可能完全避免吃某些食物,将运动和竞赛看作义务而非享受的事情。

女运动员三联征包括闭经、骨质疏松症(低骨密度)和饮食紊乱。这种病症非常危险，严重时甚至威胁生命，需要医务人员积极评估、诊断和治疗。该三联征更多见于年轻女运动员，她们追求跑得更快、体型苗条、看起来更迷人的感觉。的确，某种情况下减少体脂有助于增加$\dot{V}O_2max$，使跑步速度加快。但体重太低可损害跑步能力、健康体能以及健康。

三联征中常见的饮食紊乱多半是神经性厌食症和神经性贪食症。它们可以使总热量摄入过少，能量减少。限制饮食同时过度运动，会显著减少正常身体发挥功能时所需能量，正常身体功能包括规律的月经周期、充足的骨密度和细胞基础代谢。

若不治疗，女运动员三联征可以进一步恶化，使治疗和恢复难度加大，甚至最终威胁生命。

绝经

绝经通常发生在 50 多岁，此时卵巢萎缩、女性不能再受孕生育、月经周期消失。由于雌激素减少，月经周期逐渐减少到停经的时期难以预测，可能需 3~5 年。最终，当女子一年没来月经后确定为绝经。尽管 10%女子为减轻绝经的症状会寻求药物治疗，但绝经只是生命历程中的生理现象，不是疾病。

在围绝经期中女子会出现很多症状，持续数月至数年，之后逐渐消失。早期表现为月经不规律，卵子繁殖力减少，逐渐发生阴道干燥，在性生活时需用润滑液以增加舒适度。由于尿道和阴道失去弹性，泌尿系问题也会发生，需要做凯格尔运动(Kegel Exercise，即指借由重复缩放部分骨盆底肌肉进行的运动——编者注)，每天 3~4 次来预防。

有些女子经历体重增加、腹部脂肪增多等肥胖问题，可通过积极运动或摄入平衡饮食来对抗，建议比绝经前每天少进食 200~400 卡路里来对抗之。

其他症状包括脱发、呼吸深度下降、夜汗、潮热等，经常伴随出现睡眠紊乱。这些症状可以通过运动、减少咖啡及酒精摄入、保持较低室温和穿宽松衣服等加以改善。

由于上述症状存在，绝经期女子对各种应激更敏感，情绪变化和抑郁是绝经期女子很大问题。运动、休息和健康饮食推荐为一线处理措施。多喝水，保持身体充足的水分也很重要。观察小便颜色可以初步判断身体是否缺水。如果尿色淡黄表明身体水分充足，若尿色深黄可能代表缺水，如尿色泛白，可能摄水过多。

运动的作用是抵消和减轻绝经带来的负面影响。跑步看起来在转移绝经的许多症状方面发挥很大作用。据绝经期参加跑步锻炼的女子报告，跑步缓解了上述症状、情绪波动少、抑郁情绪少,并有更好的短记忆力、骨密度更佳、骨折发生少。跑步也减少了绝经期乳腺癌和心血管病发病率。还有,跑步运动还有助于性激素水平的保持,使您有更好的夫妻生活。

在绝经期中,您应该怎样跑步呢?您不要强迫自己执行严格的跑步计划,可以从慢跑开始,这样可能有助于应对绝经带来的疼痛。通常与朋友一起跑步更有益,在锻炼计划中一定要包括力量训练方案。如果坚持做跑步日记,将会看到自己养成的运动训练模式,有助于您决定做哪些运动训练。

第二篇

跑步训练计划

挑战是提高跑步能力所必需，但这些挑战不能超出自身所能应对的能力，即挑战要适度。所谓 CBS 法则：既要挑战，又要安全（challenging but safe）！运动员渴望挑战，但任何改变都来自于各方面均衡协调的计划。

所有有价值的训练计划，无论是为健身，还是为了参加高水平竞技运动，都会提出以下三个基本问题：多长时间？多大强度？什么频率？要想激起您所追求的充分改善，运动必须有足够的时间、强度和充分的次数。还必须在运动与恢复中找到平衡，也必须在选择跑道、公路或者跑步机等形式上仔细考量。所有的运动训练都是在太轻、正好和太难中找平衡。

当然，根据跑步者个人能力和目标回答这三个问题，并正确搭配各个训练部分可以有诸多变化。

本书所列出的各种训练方法适用于年轻人和老年人、男人或女子，初学者或老手各种人群。本部分阐释成功的运动训练计划中都有哪些成分，指导您做出选择并挑选适合的成分进行训练以满足自身要求。

7 制订跑步训练计划

本章的核心内容是$\dot{V}O_2max$，这在第1章中讲过，它表示在最大用力时所消耗的氧量，即最大摄氧量，以每千克体重、每分钟所消耗的氧来衡量[mL/(kg·min)]。由于$\dot{V}O_2max$是有氧耐力适能的核心指标，所以它也是本书中所有运动训练方法和锻炼方案的核心成分。

一个不经常运动的健康成人，一般$\dot{V}O_2max$约是31mL/(kg·min)，相当于用9分钟跑完1英里，而一个优秀的跑步运动员$\dot{V}O_2max$可达75mL/(kg·min)，他能用4分10秒跑完1英里。

如果这两个人都是70千克(154磅)体重，那么，不积极运动者跑1英里消耗氧约19 530mL，而这位优秀的跑步运动员则为22 052mL。我们可以换一种方法来看这两个人的不同：一个饮料罐容纳355mL，不爱活动者跑1英里用55罐氧，而优秀跑步运动员用62罐氧气，并且用时不到前者的一半。因此，摄氧能力有多好就决定了您的跑步速度有多快。

$\dot{V}O_2max$是最可靠的衡量和评估参加有氧耐力活动能力的方法。它不是一个固定值，随着体能水平改变而不断变化。因此，需要先了解您目前$\dot{V}O_2max$水平以确定您能够很好地驾驭和适应的训练量和训练节奏。然后，您可以进展到下一步，制订一个跑步训练计划。

第一步 测量$\dot{V}O_2max$水平

根据您12分钟跑步测定的距离或上个月跑步比赛成绩可以精确地评估您的$\dot{V}O_2max$水平和训练水平。

由 12 分钟跑步估测的 $\dot{V}O_2max$

1. 跑步机、跑道、公路任选一种，作为测试地点和计算跑步距离。

2. 以您自认为可以坚持的节奏跑 12 分钟。

3. 在剩下最后 2 分钟时，如果可以，您要加速跑。

4. 在完成 12 分钟跑后，您会感到疲劳、呼吸困难，但不应该感觉力竭。

5. 计算跑步总距离(例如一圈 400 米×6 圈=2.4 千米)。

6. 参照表 1.7 查找接近您跑步距离的那个 $\dot{V}O_2max$ 值，如果这个数值正好在两数之间，以接近低值者为准。

7. 当制订跑步训练计划时参考此值。

由之前跑步比赛成绩推得 $\dot{V}O_2max$：

1. 在表 7.1 中找出您上个月参赛时跑步的距离(如 5000 米)。

表 7.1　以跑步成绩确定 $\dot{V}O_2max$

$\dot{V}O_2max$	1mi/1500m	5000m	10000m	半程马拉松	马拉松
22	12:48/11:55	42:16	1:27:50	3:14:25	7:11:34
24	11:49/11:01	39:09	1:21:22	3:00:03	6:40:08
26	10:59/10:14	38:30	1:15:51	2:47:46	6:13:15
28	10:16/9:34	34:12	1:11:04	2:37:09	5:49:58
30	9:38/8:58	32:11	1:08:53	2:27:52	5:29:36
32	9:05/8:28	30:25	1:03:12	2:19:41	5:11:37
34	8:35/8:00	28:50	59:55	2:12:24	4:55:37
36	8:09/7:36	27:26	59:59	2:05:54	4:41:18
38	7:45/7:13	26:09	54:20	2:00:02	4:28:23
40	7:24/6:54	25:00	51:57	1:54:43	4:16:41
42	7:05/6:36	23:37	49:46	1:49:53	4:06:02
44	6:47/6:19	23:00	47:46	1:45:28	3:56:17
46	6:31/6:04	22:07	45:56	1:41:25	3:47:19
48	6:16/5:50	21:18	44:15	1:37:40	3:39:04
50	6:02/5:37	20:33	42:42	1:34:40	3:31:26
52	5:49/5:25	19:51	41:15	1:31:01	3:24:21
54	5:37/5:14	19:13	39:54	1:28:02	3:17:45
56	5:26/5:03	18:36	38:39	1:25:15	3:11:36
58	5:16/4:54	18:02	37:28	1:22:39	3:08:51
60	5:06/4:45	17:31	36:22	1:20:13	3:00:27
62	4:57/4:36	17:01	35:20	1:17:56	2:55:23
64	4:49/4:29	16:33	34:22	1:15:47	2:50:36
66	4:41/4:22	16:06	33:27	1:13:45	2:46:06
68	4:33/4:14	15:41	32:35	1:11:50	2:41:51
70	4:26/4:07	15:18	31:46	1:10:01	2:37:50

2. 选择完成比赛的时间(如 26:09)。

3. 查找出最接近您比赛用时的$\dot{V}O_2max$[如 38mL/(kg·min)],如果您的用时介于两个值之间,取低值估算。

4. 根据该$\dot{V}O_2max$ 值制订跑步训练计划。

第二步 选择跑步训练目标

怎样开始锻炼计划取决于您想要达成的目标，要确定下列两个目标哪一个更适合您的兴趣和能力：

- 为了健身和提高身体素质。
- 为了参加跑步比赛。

如果为了健康和提高体能而参加跑步训练,请查找表 7.2,选择运动时间,然后直接到第六步选择运动训练方案;如果您想参赛,那么请接下来进入第三步,选择比赛目标。

表 7.2 最长可耐受跑步时间及百分比

最长耐受时间	25%	50%	67%
20min	5min	10min	14min
30min	8min	15min	20min
40min	10min	20min	27min
50min	13min	25min	34min
60min	15min	30min	40min
70min	18min	35min	47min
80min	20min	40min	54min
90min	23min	45min	60min
100min	25min	50min	67min
110min	28min	55min	74min
120min	30min	60min	80min

第三步 选择跑步比赛目标

怎样训练和跑多长距离取决于您的参赛距离。

1. 在训练计划中设定跑步距离,注意要记录跑完该距离的时长:

- 1 英里/1600 米:13 周

- 5千米:13周
- 1万米:15周
- 半马:18周
- 全马:26周

2. 计算从比赛日倒数至今还剩多少周,从该周周日开始训练。

3. 将表7.1中高于您现有$\dot{V}O_2max$水平2个数值的$\dot{V}O_2max$设为跑步的目标时间,例如,您现在$\dot{V}O_2max$是38mL/(kg·min),5千米用时26:09,那么您的目标应是$\dot{V}O_2max$ 40mL/(kg·min),5千米用时25:00。

4. 用目标$\dot{V}O_2max$水平的相应训练节奏和强度进行训练。

第四步 选择跑步时间

在本书中所有训练计划都要求您跑步时间要长于平时正常跑步用时，这是一个核心要素。为了找出应该从何处开始,必须先回答这个问题:如果这是您第一天训练,您在一次训练中能跑的最长时间,并能在第三天仍能以此时间安全训练,这就是您运动训练的起始点。从此列选择时间:

20min	80min
30min	90min
40min	100min
50min	110min
60min	120min
70min	

根据您目前最大跑步能力,先要确定您能跑步的最短时间。表7.2给出了以$\dot{V}O_2max$不同百分比跑步时间数(min)。

第五步 设定跑步强度

人们跑步时用力程度变化范围极大,取决于每天训练的目标,依据个人$\dot{V}O_2max$水平,本书中采用四种用力强度:

1. **轻度用力** 50%~60% $\dot{V}O_2max$

2. **中等强度** 60%~70% $\dot{V}O_2max$

3. **较大强度** 75%~85% $\dot{V}O_2max$

4. **大强度** 90%~100% $\dot{V}O_2max$

运动强度到 85% $\dot{V}O_2max$ 时就达到或超过您的无氧阈水平了，除了有氧代谢外，另一个供能系统也将受到刺激而协助做功。该供能系统为无氧代谢供能，将增加氢离子生成，产生不适感。

表 7.3 列出了四种运动训练用力强度。在不同体力状态下采取的运动方式不同，**轻度**用力可能是步行运动；**中等强度**用力运动可能是走跑交替运动；**较大强度**运动是 1 英里(1600 米)以内快速跑；而**大强度**运动仅用于间歇运动和加速运动，或是用于备战比赛。

表 7.3 确定训练强度

轻度		
$\dot{V}O_2max$	50% $\dot{V}O_2max$	60% $\dot{V}O_2max$
22	25:36mi/15:55km	21:20mi/13:12km
24	23:38mi/14:37km	19:42mi/12:13km
26	21:58mi/13.38km	18:18mi/11:20km
28	20:31mi/12:42km	17:06mi/10:36km
30	19:16mi/12:00km	16:03mi/9:55km
32	18:10mi/11:17km	15:05mi/9:22km
34	17:11mi/10:40km	14:19mi/8:52km
36	16:18mi/10:06km	13:35mi/8:26km
38	15:31mi/9:36km	12:56mi/8:00km
40	14:48mi/9:00km	12:20mi/7:37km
42	14:09mi/8:45km	11:48mi/7:19km
44	13.34mi/8:26km	11:18mi/7:00km
46	13:01mi/8:04km	10:51mi/6:42km
48	12:32mi/8:22km	10:26mi/6:27km
50	12:04mile/7:30km	10:03mi/6:12km
52	11:38mi/7:12km	9:42mi/6:01km
54	11:15mi/6:57km	9:22mi/5:50km
56	10:53mi/6:45km	9:04mi/5:39km
58	10:32mi/6:30km	8:47mi/5:28km
60	10:13mi/6:19km	8:31mi/5:16km
62	9:54mi/6:10km	8:15mi/5:05km
64	9:37mi/5:57km	8:01mi/4:58km
66	9:21mi/5:46km	7:48mi/4:50km
68	9:06mi/5:38km	7:35mi/4:42km
70	8:52mi/5:31km	7:23mi/4:35km

（待续）

（续表）

中度		
$\dot{V}O_2max$	60% $\dot{V}O_2max$	70% $\dot{V}O_2max$
22	21:20mi/13.12km	18:17mi/11:20km
24	19:42mi/12:09km	16:53mi/10:28km
26	18:18mi/11:20km	15:41mi/9:44km
28	17:06mi/10:36km	14:40mi/9:06km
30	16:03mi/9:55km	13:46mi/8:34km
32	15:08mi/9:22km	12:58mi/8:04km
34	14:19mi/8:52km	12:16mi/7:37km
36	13:35mi/8:26km	11:39mi/7:11km
38	12:56mi/8:00km	11:05mi/6:53km
40	12:20mi/7:38km	10:34mi/6:34km
42	11:48mi/7:19km	10:07mi/6:16km
44	11:18mi/7:00km	9:41mi/6:00km
46	10:51mi/6:42km	9:18mi/5:46km
48	10:26mi/6:27km	8:57mi/5:31km
50	10:03mi/6:12km	8:37mi/5:20km
52	9:42mi/6:01km	8:19mi/5:09km
54	9:22mi/5:50km	8:02mi/5:00km
56	9:04mi/5:38km	7:46mi/4:50km
58	8:47mi/5:28km	7:31mi/4:39km
60	8:31mi/5:16km	7:18mi/4:31km
62	8:15mi/5:05km	7:05mi/4:24km
64	8:01mi/4:58km	6:52mi/4:17km
66	7:48mi/4:50km	6:41mi/4:09km
68	7:35mi/4:42km	6:30mi/4:02km
70	7:23mi/4:35km	6:20mi/3:54km
较大强度		
$\dot{V}O_2max$	75% $\dot{V}O_2max$	85% $\dot{V}O_2max$
22	17:04mi/10:36km	15:45mi/9:44km
24	15:45mi/9:46km	13:54mi/8:37km
26	14:39mi/9:03km	12:55mi/8:00km
28	13:41mi/8:30km	12:04mi/7:30km
30	12:51mi/7:45km	11:20mi/7:00km
32	12:06mi/7:30km	10:41mi/6:38km
34	11:27mi/7:04km	10:06mi/6:16km
36	10:52mi/6:45km	9:35mi/5:57km
38	10:21mi/6:23km	9:08mi/5:34km
40	9:52mi/6:08km	8:42mi/5:24km
42	9:26mi/5:50km	8:20mi/5:09km
44	9:03mi/5:36km	7:59mi/4:58km
46	8:41mi/5:24km	7:40mi/4:47km

（待续）

（续表）

48	8:21mi/5:11km	7:22mi/4:31km
50	8:03mi/4:58km	7:06mi/4:24km
52	7:46mi/4:50km	6:51mi/4:15km
54	7:30mi/4:39km	6:37mi/4:06km
56	7:15mi/4:30km	6:24mi/3:58km
58	7:01mi/4:20km	6:12mi/3:50km
60	6:48mi/4:13km	6:00mi/3:43km
62	6:36mi/4:06km	5:50mi/3:36km
64	6:25mi/3:58km	5:40mi/3:30km
66	6:14mi/3:50km	5:30mi/3:24km
68	6:04mi/3:45km	5:21mi/3:17km
70	5:55mi/3:39km	5:13mi/3:13km

强度

$\dot{V}O_2max$	90% $\dot{V}O_2max$	100% $\dot{V}O_2max$
22	14:13mi/8:48km	12:45/7:48
24	13:08mi/8:07km	11:45/7:15
26	12:12mi/7:34km	10:51/6:45
28	11:24mi/7:04km	10:15/6:15
30	10:42mi/6:38km	9:27/5:48
32	10:05mi/6:15km	9:06/5:36
34	9:33mi/5:54km	8:40/5:00
36	9:03mi/5:36km	8:09/4:51
38	8:37mi/5:20km	7:42/4:42
40	8:13mi/5:05km	7:40/4:33
42	7:52mi/4:54km	6:54/4:03
44	7:32mi/4:39km	6:42/3:57
46	7:14mi/4:28km	6:21/3:51
48	6:58mi/4:20km	6:00/3:45
50	6:42mi/4:09km	5:51/3:39
52	6:26mi/3:58km	5:42/3:24
54	6:15mi/3:51km	5:36/3:18
56	6:03mi/3:45km	5:18/3:15
58	5:51mi/3:37km	5:00/3:00
60	5:40mi/3:32km	4:54/2:54
62	5:30mi/3:25km	4:48/2:51
64	5:21mi/3:19km	4:42/2:48
66	5:12mi/3:13km	4:39/2:45
68	5:03mi/3:06km	4:33/2:42
70	4:56mi/3:02km	4:18/2:39

（待续）

（续表）

强度用力时的用时或速度							
$\dot{V}O_2max$	%	100m	150m	200m	300m	400m	800m
22	90	:51	1:27	1:43	2:35	3:28	7:00
	110	:42	1:03	1:24	2:07	2:50	5:44
24	90	:47	1:21	1:35	2:23	3:12	6:28
	110	:38	1:00	1:28	1:57	2:37	5:17
26	90	:44	1:06	1:28	2:13	2:58	6:01
	110	:36	:52	1:12	1:49	2:26	4:55
28	90	:41	1:01	1:22	2:04	2:47	5:37
	110	:33	:50	1:07	1:42	2:16	4:36
30	90	:38	:58	1:17	1:57	2:37	5:16
	110	:31	:47	1:03	1:36	2:08	4:19
32	90	:36	:54	1:13	1:50	2:28	4:58
	110	:30	:45	1:00	1:30	2:01	4:04
34	90	:34	:51	1:09	1:44	2:20	4:42
	110	:28	:42	:56	1:25	1:54	3:51
36	90	:32	:49	1:06	1:39	2:12	4:28
	110	:27	:40	:54	1:21	1:48	3:39
38	90	:31	:47	1:02	1:34	2:06	4:15
	110	:25	:38	:51	1:17	1:43	3:38
40	90	:29	:44	:59	1:30	2:00	4:03
	110	:24	:36	:49	1:13	1:38	3:19
42	90	:28	:42	:57	1:26	1:55	3:52
	110	:23	:35	:47	1:10	1:34	3:10
44	90	:27	:41	:55	1:22	1:50	3:43
	110	:22	:34	:45	1:07	1:30	3:02
46	90	:26	:39	:52	1:19	1:46	3:34
	110	:21	:32	:43	1:05	1:27	2:55
48	90	:25	:37	:50	1:16	1:42	3:26
	110	:20	:30	:41	1:02	1:23	2:48
50	90	:24	:36	:48	1:13	1:38	3:18
	110	:20	:30	:40	1:00	1:20	2:42
52	90	:23	:35	:47	1:11	1:35	3:11
	110	:19	:28	:38	:58	1:17	2:36
54	90	:22	:34	:45	1:08	1:31	3:05
	110	:18	:27	:37	:56	1:15	2:31
56	90	:22	:33	:44	1:06	1:28	2:59
	110	:18	:27	:36	:54	1:12	2:26
58	90	:21	:30	:42	1:04	1:26	2:53
	110	:17	:26	:35	:52	1:10	2:21
60	90	:20	:30	:41	1:02	1:23	2:48
	110	:17	:25	:34	:51	1:08	2:17

（待续）

（续表）

强度用力时的用时或速度							
$\dot{V}O_2max$	%	100m	150m	200m	300m	400m	800m
62	90	:20	:30	:40	1:00	1:21	2:43
	110	:16	:24	:33	:49	1:06	2:13
64	90	:19	:28	:39	:58	1:18	2:38
	110	:16	:23	:32	:48	1:04	2:09
66	90	:19	:28	:38	:57	1:16	2:34
	110	:15	:22	:31	:46	1:02	2:06
68	90	:18	:27	:37	:55	1:14	2:29
	110	:15	:22	:30	:45	1:01	2:02
70	90	:18	:27	:36	:54	1:12	2:26
	110	:14	:21	:29	:44	:59	1:59

第六步　构建跑步训练计划

在看到这么多数字时您是否感到很大压力？之所以一直要求您进行合理的计算，是因为设计一个个性化跑步训练计划非常必要，也极具价值。这些数字代表了构建个人跑步训练计划的大体框架内容。

图 7.1 是跑步训练计划框架。一旦您有了这些信息，就能很容易记录每周的训练日志。

图 7.1　您的训练计划

依照本章的指南，填入您的目前跑步状况以及想要达到的初步目标。以此为基础制订您的跑步计划。

1. 您的$\dot{V}O_2max$是多少？

   12 分钟跑步测试：

   距离________________

   $\dot{V}O_2max$________________

   最近一次赛跑：

   距离________________

   用时________________

   $\dot{V}O_2max$________________

2. 您的训练目标是什么？

   为健身而训练________________

   为赛跑而训练________________

（待续）

（续图）

3. 您的赛跑目标是什么？（如果您不是为了赛跑而训练，请跳至问题 4）
   赛跑距离______________
   训练时长______________
   赛跑日期______________
   训练开始日期______________
   赛跑目标时间______________
   目标速度（每英里或每千米）______________
4. 你长跑能坚持的时间是？
   目前的最长时间记录______________
   2/3 的最大时长______________
   1/2 的最大时长______________
   1/4 的最大时长______________
5. 您的训练强度如何（每英里/千米的速度）？
   简单 50%______________ 60%______________
   中等 60%______________ 70%______________
   稍难 75%______________ 85%______________
   较难（1 英里/1600 米）90%______________ 100%______________
   较难（100~800 米）
   100 米 90%______________ 110%______________
   150 米 90%______________ 110%______________
   200 米 90%______________ 110%______________
   300 米 90%______________ 110%______________
   400 米 90%______________ 110%______________
   800 米 90%______________ 110%______________

8 跑步训练方案的类型

烹饪时,您可以通过将高质量食材和正宗的食谱结合得到可口又营养的美食。我们制订运动方案时也是同样道理。因此,本书将运用类似烹饪的方法来阐释如何制订训练计划,当然制订训练计划在要素结合方面比烹饪方法要灵活得多。

首先,您要熟悉各种原料,即仔细阅读各种训练方案的细节。在第二篇的余下章节中,您将学习到其他辅料,即那些保证味道和重要营养成分的要素,保证您的"训练食谱"营养均衡。在第三篇,您将找到组合这些原料的秘籍,从而创造出完美的训练计划。

本书描述了八种运动方案,但每一种训练方案中的运动内容都是十分灵活的,您可以通过改变运动距离和步速以适应自身的运动能力和目标。表 8.1 列举了一些运动方案,您可以将其作为参考,建立自己的训练计划。对于运动方案的描述与建议放在表格下方(表 8.2 至表 8.4),从最简单、最容易的运动方式到最快、最难的运动方案。当对训练和比赛有疑问时,建议保守一点,除非已到训练的最后阶段。如果是这种情况下,请做理智的激进派。

请注意第三篇中运动锻炼方案标注了优先次序。一周内最重要的训练标注为优先次序 1,重要程度最低的训练次序为 7。如果您计划每周锻炼 4 天,训练优先次序即为 1、2、3 和 4。

表 8.1 训练方案类型列表

SWS 表示较剧烈的运动,您可以按如下方式替换运动内容:法特雷克跑法-稳态跑法,往返跑法-节奏跑法,新式间隙跑法-传统间歇跑法。

训练方案	步速或强度	$\%\dot{V}O_2max$	时间或距离
恢复性跑法	轻松	50~60	跑步最长时间的 1/4~1/2
长跑法	中等强度	60~70	跑步最长时间
稳态跑法或法特雷克跑法	SWS	75~85	跑步最长时间的 2/3
节奏跑法或往返跑法	SWS 到高强度	85~95	跑步最长时间的 1/2
间歇跑法或新式间歇跑法	高强度	90~110	200m,300m,400m
加速跑法	高强度	90~110	100m,150m
赛前跑法	目标速度	100	800m,1500m,1mi,2mi
竞赛跑法	目标速度	100	马拉松跑距离

表 8.2 公制和英制的换算

公制距离	英制距离
50m	54.68yd
100m	109.36yd
150m	164.04yd
200m	218.72yd
300m	328.08yd
400m	437.44yd
500m	526.81yd
600m	656.17yd
800m	874.88yd
1000m	1093.61yd
1200m	1312.33yd
1500m	0.93mi(1620.42yd)
1600m	0.99mi
3000m	0.86mi
3200m	1.98mi
5000m	3.11mi
8000m	4.97mi
10 000m	6.21mi
12km	7.46mi
15km	9.32mi
20km	12.43mi
半程马拉松(21.1km)	13.11mi
25km	15.54mi
30km	18.64mi
全程马拉松(42.2km)	26.22mi
50yd	45.72m

(待续)

（续表）

公制距离	英制距离
91.44m	100yd
100.58m	110yd
137.16m	150yd
201.67m	220yd（1/8mi）
301.64m	330yd
402.34m	440yd（1/4mi）
502.92m	550yd
603.50m	660yd（3/8mi）
804.67m	880yd（1/2mi）
1006.34m	1100yd（5/8mi）
1207.01m	1320yd（3/4mi）
1609m	1mi
3218m	2mi
8.01km	5mi
16.09km	10mi
21.10km	半程马拉松（13.1mi）
32.18km	20mi
42.19km	全程马拉松（26.2mi）

表 8.3　每英里和每千米的速度

1mi/1km	1500m	5000m	10000m	半程马拉松	全程马拉松
4:00/2:28	3:43				
4:10/2:35	3:53	12:56			
4:20/2:42	4:02	13:27	26:54		
4:30/2:48	4:11	13:58	27:56		
4:40/2:54	4:21	14:29	28:58	1:01:11	
4:50/3:00	4:30	15:00	30:00	1:03:22	2:06:44
5:00/3:06	4:40	15:30	31:00	1:05:33	2:11:06
5:10/3:13	4:49	16:01	32:02	1:07:44	2:15:28
5:20/3:19	4:58	16:32	33:04	1:09:55	2:19:50
5:30/3:25	5:07	17:03	34:06	1:12:06	2:24:12
5:40/3:31	5:17	17:34	35:08	1:14:17	2:28:34
5:50/3:38	5:26	18:05	36:10	1:16:28	2:32:56
6:00/3:44	5:36	18:36	37:12	1:18:40	2:37:19
6:10/3:50	5:45	19:07	38:14	1:20:51	2:41:41
6:20/3:56	5:54	19:38	39:16	1:23:02	2:46:03
6:30/4:02	6:03	20:09	40:18	1:25:13	2:50:12
6:40/4:09	6:12	20:40	41:20	1:27:24	2:54:47
6:50/4:15	6:21	21:11	42:22	1:29:35	2:59:09
7:00/4:21	6:31	21:42	43:24	1:31:47	3:03:33
7:10/4:27	6:40	22:13	44:26	1:33:28	3:07:55

（待续）

（续表）

1mi/1km	1500m	5000m	10000m	半程马拉松	全程马拉松
7:20/4:33	6:49	22:44	45:28	1:36:09	3:12:17
7:30/4:40	6:59	23:15	46:30	1:38:20	3:16:39
7:40/4:46	7:08	23:46	47:32	1:40:31	3:21:01
7:50/4:52	7:16	24:17	48:34	1:42:42	3:25:23
8:00/4:58	7:27	24:48	49:36	1:44:53	3:29:45
8:10/5:05	7:36	25:19	50:38	1:47:04	3:34:07
8:20/5:11	7:45	25:50	51:40	1:49:15	3:38:29
8:30/5:17	7:55	26:21	52:42	1:51:26	3:42:51
8:40/5:23	8:04	26:52	53:44	1:53:37	3:47:13
8:50/5:29	8:14	27:23	54:46	1:55:43	3:51:35
9:00/5:36	8:23	27:54	55:48	1:58:00	3:56:00
9:10/5:42	8:33	28:25	56:50	2:00:11	4:00:22
9:20/5:48	8:42	28:56	57:52	2:02:22	4:04:44
9:30/5:54	8:52	29:27	58:54	2:04:33	4:09:06
9:40/6:00	9:01	29:58	59:56	2:06:44	4:09:06
9:50/6:06	9:11	30:29	1:00:58	2:08:55	4:17:50
10:00/6:12	9:20	31:00	1:02:00	2:11:00	4:22:00
10:10/6:18	9:29	31:31	1:03:02	2:13:11	4:26:22
10:20/6:24	9:38	32:02	1:04:04	2:15:22	4:30:44
10:30/6:30	9:47	32:33	1:05:06	2:17:33	4:35:06
10:40/6:36	9:56	33:04	1:06:08	2:19:44	4:39:28
10:50/6:42	10:06	33:35	1:07:10	2:21:55	4:44:50
11:00/6:49	10:15	34:06	1:08:12	2:24:06	4:48:12
11:10/6:55	10:24	34:37	1:09:14	2:26:18	4:52:36
11:20/7:01	10:33	35:08	1:10:16	2:28:29	4:56:58
11:30/7:07	10:43	35:39	1:11:18	2:30:40	5:01:20
11:40/7:13	10:52	36:10	1:12:20	2:32:21	5:04:42
11:50/7:20	11:02	36:41	1:13:22	2:34:32	5:09:04
12:00/7:27	11:11	37:12	1:14:24	2:36:44	5:13:26
12:10/7:33	11:20	37:43	1:15:26	2:38:55	5:17:48
12:20/7:39	11:30	38:14	1:16:28	2:41:06	5:22:10
12:30/7:45	11:39	38:45	1:17:30	2:43:17	5:26:32
12:407:51	11:48	39:16	1:18:32	2:45:28	5:30:54
12:50/7:57	11:58	39:47	1:19:34	2:47:39	5:35:18
13:00/8:04	12:07	40:18	1:20:36	2:49:50	5:39:40
13:10/8:10	12:16	40:49	1:21:38	2:52:01	5:44:02
13:20/8:16	12:26	41:20	1:22:40	2:54:12	5:48:24
13:30/8:22	12:35	41:51	1:23:42	2:56:23	5:52:46
13:40/8:28	12:44	42:22	1:24:44	2:58:34	5:57:08
13:50/8:34	12:54	42:53	1:25:46	3:00:45	6:01:30
14:00/8:41	13:03	43:24	1:26:48	3:02:56	6:05:52
14:10/8:47	13:12	43:55	1:27:50	3:05:07	6:10:14
14:20/8:53	13:22	44:26	1:28:52	3:07:18	6:14:36
14:30/8:59	12:31	44:57	1:29:54	3:09:29	6:18:58
14:40/9:05	12:40	45:28	1:30:56	3:11:40	6:23:20
14:50/9:11	12:50	45:59	1:31:58	3:13:51	6:27:42

表 8.4 训练速度(100~800 米)

1mi/1km	100m	150m	200m	300m	400m	800m
4:00/2:28	:15	:23	:30	:45	1:00	2:00
4:10/2:35	:15	:24	:31	:46	1:02	2:05
4:20/2:42	:16	:25	:32	:48	1:05	2:10
4:30/2:48	:16	:26	:33	:50	1:07	2:15
4:40/2:54	:17	:27	:35	:52	1:10	2:20
4:50/3:00	:18	:27	:36	:54	1:12	2:25
5:00/3:06	:18	:28	:37	:56	1:15	2:30
5:10/3:13	:19	:29	:38	:58	1:17	2:35
5:20/3:19	:20	:30	:40	1:00	1:20	2:40
5:30/3:25	:20	:31	:41	1:01	1:22	2:45
5:40/3:31	:21	:32	:42	1:03	1:25	2:50
5:50/3:38	:21	:33	:43	1:05	1:27	2:55
6:00/3:44	:22	:34	:45	1:07	1:30	3:00
6:10/3:50	:23	:35	:46	1:09	1:32	3:05
6:20/3:56	:23	:36	:47	1:10	1:35	3:10
6:30/4:02	:24	:37	:48	1:12	1:37	3:15
6:40/4:09	:25	:38	:50	1:15	1:40	3:20
6:50/4:15	:26	:38	:51	1:17	1:42	3:25
7:00/4:21	:26	:39	:52	1:19	1:45	3:30
7:10/4:27	:26	:40	:53	1:20	1:47	3:35
7:20/4:33	:27	:41	:55	1:22	1:50	3:40
7:30/4:40	:28	:42	:56	1:24	1:52	3:45
7:40/4:46	:28	:43	:57	1:26	1:55	3:50
7:50/4:52	:29	:44	:58	1:28	1:57	3:55
8:00/4:58	:30	:45	1:00	1:30	2:00	4:00
8:10/5:05	:30	:46	1:01	1:31	2:03	4:05
8:20/5:11	:31	:47	1:02	1:33	2:06	4:10
8:30/5:17	:31	:48	1:03	1:35	2:07	4:15
8:40/5:23	:32	:49	1:05	1:37	2:10	4:20
8:50/5:29	:33	:49	1:06	1:39	2:12	4:25
9:00/5:36	:33	:50	1:07	1:41	2:15	4:30
9:10/5:42	:34	:51	1:08	1:43	2:17	4:35
9:20/5:48	:35	:52	1:10	1:45	2:20	4:40
9:30/5:54	:35	:53	1:11	1:47	2:22	4:45
9:40/6:00	:36	:54	1:12	1:48	2:25	4:50
9:50/6:06	:36	:55	1:13	1:50	2:27	4:55
10:00/6:12	:37	:56	1:15	1:53	2:30	5:00
10:10/6:18	:38	:57	1:16	1:55	2:32	5:05
10:20/6:24	:39	:58	1:18	1:57	2:35	5:10
10:30/6:30	:39	:59	1:19	1:58	2:37	5:15
10:40/6:36	:40	1:00	1:20	2:00	2:40	5:20
10:50/6:42	:40	1:01	1:21	2:02	2:42	5:25
11:00/6:49	:41	1:02	1:23	2:04	2:45	5:30
11:10/6:55	:42	1:03	1:24	2:06	2:47	5:35
11:20/7:01	:42	1:04	1:25	2:07	2:50	5:40
11:30/7:07	:43	1:05	1:26	2:09	2:52	5:45
11:40/7:13	:44	1:06	1:28	2:12	2:55	5:50
11:50/7:20	:45	1:07	1:29	2:14	2:57	5:55

恢复性跑法

描述：这是一周中除了休息之外的最轻松的运动训练方式，但是这并不意味着它们不重要。恢复性训练日可以帮助人体为更艰苦的运动日做好准备。恢复性训练日运动时，步速轻缓，运动距离相对较短。您可以跑走交替，甚至可以走路为主，中间融入短距离跑。

运动优先级：较低，等级为5、6或7(1代表最重要级别，7重要程度最低)。这种跑步方式可以由休息或交叉训练代替。

持续时间：当前最长跑步时间或运动距离的1/4~1/2。

步速或强度：低强度。

最大摄氧量强度：50%~60%$\dot{V}O_2max$。见表7.3，通过您的最大摄氧量计算步速。

热身运动：没有什么正规要求，如有可能在开始跑步前可以步行大约5分钟作为热身。或者，可以以低于正常跑速的步伐跑5~10分钟作为热身运动。

整理运动：散步大约5分钟，然后进行拉伸运动。

典型的训练方式：对于最大摄氧量为36、最长跑步时间为30分钟的健身跑步者：应以13:35~16:18/英里(8:26~10:06/千米)的速度跑15分钟。

对于最大摄氧量为50、最长跑步时间为60分钟的跑步者：应以10:03~12:04/英里(6:12~7:30/千米)的速度跑30分钟。

对于全程马拉松和半程马拉松跑步者而言，如其最大摄氧量为50、长运动时间为90分钟：应以10:03~12:04/英里(6:12~7:30/千米)的速度跑45分钟。

描述：这里的突出字眼是“长”，意味着这种训练方式至少应该比您正常跑步距离长1/3。这种跑步方式开始为健身跑步者建立运动耐力基础，也是夯实竞赛型跑步者运动耐力的基础。对于健身跑步者来说，长跑法会使得标准跑步对于他们看起来变得更短。对于半程马拉松和全程马拉松运动员来说，它相当于是对比赛的一次演练。对于健身跑步者，在长跑中允许加入间歇性走路。

运动优先级：高级，等级为1（范围是1~7），但如果一星期内包含两次长跑，优先级就降为2。

持续时间：当前最长时间或距离，再加上周计划表中标记的额外分钟数。跑步时间一般不要超过120分钟，但少数马拉松运动员可能更长。

步速或运动强度：中等强度。

最大摄氧量强度：60%~70%$\dot{V}O_2max$。见表7.3，根据最大摄氧量计算您的步速。随着跑步进展，若您感觉越来越好，可以在最后半程时加快步伐。

热身运动：没有正规要求，可以在开始跑步之前步行大约5分钟作为热身。或者，可以以低于正常跑速的步伐跑5~10分钟作为热身运动。

整理运动：散步大约5分钟，然后进行拉伸运动。

典型的训练方式：对于最大摄氧量为36、最长跑步时间为30分钟的健身跑步者：应以11:39~13:35/英里（7:11~8:26/千米）的速度跑30分钟。

对于最大摄氧量为50、最长跑步时间为60分钟的、1英里或1万米跑步者：应以8:37~10:03/英里（5:20~6:12/千米）的速度跑60分钟。

对于全程马拉松和半程马拉松跑步者而言，如其最大摄氧量为50，最长运动时间为90分钟：应以8:37~10:03/英里（5:20~6:12/千米）的速度跑90分钟。

稳态跑法

描述：该种跑步训练方法是由先前较慢速跑步过渡到较快速跑步的方法。您此时跑步速度明显要超过恢复性跑法，但是跑步距离要比长跑法短 1/3。这种训练方案会使您跑出最有效的训练步速，使您的努力得到最大回报。

运动优先级：高级到中级，优先等级为 1、2 或 3(范围是 1~7)，取决于周数和项目。请注意许多星期要包含 2 次甚至 3 次稳态跑。

持续时间：当前最长时间或距离的 2/3，再加上周计划表中标记的额外分钟数。增加量为 1~10 分钟。

步速或运动强度：略高强度。

最大摄氧量强度：75%~85%$\dot{V}O_2max$。见表 7.3，根据您的最大摄氧量计算步速。

热身运动：轻松跑或散步 5~10 分钟。

整理运动：轻松跑或散步 5~10 分钟，然后做拉伸运动。

典型的训练方式：对于最大摄氧量为 36、最长跑步时间为 30 分钟的健身跑步者：应以 9:35~10:52/英里(5:57~6:45/千米)的速度跑 20 分钟。

而对于最大摄氧量为 50、最长跑步时间为 60 分钟的、1 英里或 1 万米跑步者：应以 7:06~8:03/英里(4:24~4:58/千米)的速度跑 40 分钟。

对于全程马拉松和半程马拉松跑步者而言，如其最大摄氧量为 50，最长运动时间为 90 分钟：应以 7:06~8:03/英里(4:24~4:58/千米)的速度跑 60 分钟。

描述:法特雷克在瑞典语中的意思是“玩速度”,您可以在任何时候用稳态跑法替代这种跑法。在这里,您只是简单地玩跑速。这种跑法中,一部分是低到中速跑,另一部分可跑 1 英里、800 米或 400 米。这里“玩”是关键词,不要固执地认为您需要中等强度跑 2 分钟,然后再用最大力跑 30 秒,一定要在这种跑速变化中玩得开心,并且要保持变速。例如,在训练过程中您可以 3/4 距离轻松或中速跑,1/4 距离快速跑。

运动优先级:高级到中级,优先级为 1、2 或 3(范围是 1~7),取决于周数和项目。请注意,许多周中要包含 2 次甚至 3 次法特雷克跑。

持续时间:当前最长时间或距离的 2/3,再加上周计划表中标记的额外分钟数。增加的时间范围为 1~10 分钟。

步速或运动强度:整体上属于较高强度。

最大摄氧量强度:整体上为 75%~85% $\dot{V}O_2max$。见表 7.3,根据您的最大摄氧量计算步速。中低强度部分可能会比较慢,加速跑部分会比较快。

热身运动:轻松跑或散步 5~10 分钟。

整理运动:轻松跑或散步 5~10 分钟,然后做拉伸运动。

典型的训练方式:对于最大摄氧量为 36、最长跑步时间为 30 分钟的健身跑步者:应以中低速跑 15 分钟,再以各种快速跑 5 分钟。

对于最大摄氧量为 50、最长跑步时间为 60 分钟的、1 英里或 1 万米跑步者:应以中低速跑 30 分钟,再以各种快速跑 10 分钟。

对于全程马拉松和半程马拉松跑步者,如其最大摄氧量为 50、最长运动时间为 90 分钟:应以中低速跑 45 分钟,再以各种快速跑 15 分钟。

节奏跑法

描述:“节奏”是“步速”的另外一种表达形式。您也许会说,所有的跑步方式都有节奏,但是在这里 tempo 这个词有着特殊的含义。在节奏跑法中,要求跑步速度接近比赛的速度,但是跑步距离比您的目标比赛距离要短些。对于这种形式的跑步训练,全面热身非常重要,这种快速跑模式可以帮助您的身体适应比赛的要求。

运动优先级:高级,优先等级为 1 或 2(范围 1~7),请注意变奏跑法常常用来代替长跑训练法。

持续时间:当前最长时间或距离的 1/2。相比马拉松运动员来说,田径赛运动员真正跑步的距离要短些。

步速或运动强度:较高强度到高强度。

最大摄氧量强度:85%~95%$\dot{V}O_2max$。见表 7.3,根据您的最大摄氧量计算步速。

热身运动:轻松跑或步行运动 5~10 分钟,然后进行 4×50 米大步跑(步速与当天节奏跑的步速一致,并加上 50 米恢复性慢跑或步行),接着进行动态拉伸练习。

整理运动:重复热身运动的动作,但不进行大步跑,以静态拉伸运动结束。

典型的训练方式:对于最大摄氧量为 36、最长跑步时间为 30 分钟的健身跑步者:应以8:15~9:35/英里(5:07~5:57/千米)的速度跑 15 分钟。

对于最大摄氧量为 50、最长跑步时间为 60 分钟的、1 英里或 1 万米跑步者:应以 6:05~7:06/英里(3:47~4:24/千米)的速度跑 40 分钟。

对于全程马拉松和半程马拉松跑步者,如其最大摄氧量为 50、最长运动时间为 90 分钟:应以 6:05~7:06/英里(3:47~4:24/千米)的速度跑 60 分钟。

描述：往返跑法在任何时候都可以替代节奏跑法。完成这种跑步方式十分享受，因为您会以快速又可控的速度结束跑步。将这项跑步的距离分成两个等长时间的半程，在第一个半程中，以您自认为可以在全程掌控的速度进行跑步训练，在半程节点上，转身往回跑，并在剩余的一半时间内轻微加速，然后在剩余时间的一半内再次加速，直到您跑回起点，后半程比前半程用时要少。

运动优先级：高级，优先等级 1 或 2(范围 1~7)，请注意在这些星期内往返跑可以代替长跑。

持续时间或距离：当前最长时间或距离的 1/2。相比马拉松运动员来说，田径赛运动员真正跑步的距离要更短些。

步速或运动强度：较高强度到高强度。

最大摄氧量强度：85%~95% $\dot{V}O_2max$。见表 7.3，根据您的最大摄氧量计算步速。

热身运动：轻松跑或步行运动 5~10 分钟，然后跑 4×50 米大步跑(步速与当天往返跑的步速一致，并加上 50 米恢复性慢跑或步行)，接着进行动态拉伸练习。

整理运动：不做大步跑，重复热身运动的动作，以静态拉伸练习结束。

典型的训练方式：对于最大摄氧量为 36、最长跑步时间为 30 分钟的健身跑步者：应以8:15~9:35/英里(5:07~5:57/千米)的速度跑 7 分 30 秒。然后转身回跑，先提高一点速度跑 3 分 45 秒，之后再加一点速度跑 1 分 52 秒，之后再加速一点跑 56 秒，最后再快一点加速跑 28 秒回到起点。

对于最大摄氧量为 50、最长跑步时间为 60 分钟的 1 英里或 1 万米跑步者：应以 6:05~7:06/英里(3:47~4:24/千米)的速度跑 20 分钟。然后转身往回跑并稍加速跑 10 分钟，之后再加一点速度跑 5 分钟，之后再加一点速度跑 2 分 30 秒，最后加速跑 1 分 15 秒回到起点。

间歇跑法

描述:该种跑步法为快、慢速跑步不断交替进行的重复训练方法。间歇跑法需要精心设计规划,通常是在跑道上或特定距离的场所进行,在两个重复跑步训练阶段之间恢复时间相等。跑步者以竞赛速度或更快些的速度跑,这种训练强度可为您完成更快的赛事做好准备。

运动优先级:高级到中级,优先等级为 1、2、3 或 4(范围 1~7),根据不同的星期和项目而定。请注意大多数间歇跑的间歇期为 2 秒和 3 秒。

持续时间或距离:200 米、300 米或 400 米。重复的次数取决于训练周数以及训练计划中每个重复的长度。恢复性慢跑和步行的距离与间歇跑的距离相同。

步速或运动强度:高强度。

最大摄氧量强度:90%~110%$\dot{V}O_2max$。见表 7.3,根据您的最大摄氧量计算步速。

热身运动:轻松跑或跑走运动 5~10 分钟,做动态拉伸运动,然后 6×50 米大步跑(步速与当天间歇跑的步速相同,再加上 50 米恢复性慢跑或步行)。

整理运动:重复热身运动的动作,但不进行大步跑,最后做静态拉伸练习。

典型的训练方式:健身跑运动员没有间歇跑步运动训练计划。
对于最大摄氧量为 50 的 1 英里跑运动员:每次时长 1:00~1:13,完成 5×300 米。

对于最大摄氧量为 50 的 5000~10 000 米跑步运动员:每次时长 1:20~1:38,完成 10×400 米。

对于最大摄氧量为 50 的全马和半马运动员:每次时长 1:20~1:38,完成12×400 米。

描述：彼得·汤普森(Peter Thompson)曾担任国际业余田径联合会(IAAF)长距离跑步运动分会主席20年，并担任多位世界级跑步运动员和国家级跑步运动员的教练。他对间歇跑法进行了改进与发展，称之为新式间歇跑法。这种训练方式可以在任何时候由间歇跑法代替。您可以登陆网站newintervaltraining.com了解更多。将标准间歇跑法转变为新式间歇跑法，您只需要改变重复训练之间的恢复部分。在恢复期间，您的步速减慢，但一直持续地跑，而不是慢跑或散步式恢复。这种弹性的跑速变化，经过练习后，会使您的跑速不断变快。

运动优先级：高级到中级，优先等级为1、2、3或4(范围1~7)，根据不同的训练星期和项目而定。注意大多数间歇跑的间歇为2秒和3秒。

持续时间或距离：200米、300米或400米。重复的次数取决于每次跑步的长度和训练周以及训练项目。各个间歇之间弹性恢复性跑步距离应该与训练跑步距离等长。

步速或运动强度：高强度。

最大摄氧量强度：90%~100%$\dot{V}O_2max$。见表7.3，根据您的最大摄氧量计算步速。

热身运动：轻松跑或跑走5~10分钟，再进行动态拉伸练习。然后跑6×50米大步跑(步速与当天间歇跑的步速一致，并加上50米恢复性慢跑或散步)。

整理运动：重复热身运动的动作，但不进行大步跑，以静态拉伸练习结束。

典型的训练方式：没有针对健身跑步者的新式间歇跑训练计划。

对于最大摄氧量为50的1英里跑运动员：每次时长1:00~1:13完成5×300米跑，之后是弹性的恢复性跑步。

对于最大摄氧量为50的5000~10 000米跑步运动员：每次时长1:20~1:38完成10×400米跑，之后是弹性的恢复性跑步。

对于最大摄氧量为50的全马和半马运动员：每次时长1:20~1:38完成12×400米跑，之后是弹性的恢复性跑步。

加速跑法

描述：请注意，在这种跑法中，允许甚至是鼓励您，跑得越快越好。加速跑的距离不要超过 150 米，它们教给运动员加速跑的方法和快速双腿交替方法，这些技术在比赛的最后关头至关重要，同时也会使整体比赛速度慢一点。

运动优先级：中级，优先等级为 3 或 4（范围从 1~7，其中优先级 1 最高，7 最低）。

持续时间或距离：100 米或 150 米。重复的次数取决于每次跑步的长度和训练周以及项目。恢复性慢跑和步行的距离与加速跑的距离一致。

步速或运动强度：高强度。

最大摄氧量：90%~110%$\dot{V}O_2max$。见表 7.3，根据您的最大摄氧量计算步速。

热身运动：轻松跑或跑走 5~10 分钟，并进行动态拉伸练习。然后跑 6×50 米大步跑（步速与当天加速跑的步速一致，并加上 50 米恢复性慢跑或步行），接着进行动态拉伸运动。

整理运动：重复热身运动的动作，但不做大步跑，以静态拉伸练习结束。

典型的训练方式：目前尚没有对于健身跑步者的加速跑步训练计划。

对于最大摄氧量为 50 的几英里到全程马拉松运动员：每次要以 20~24 秒完成 12×100 米跑步。

描述:这种跑法由比其他跑法距离更长的重复性训练组成。要用您的目标比赛速度来进行赛前跑步，在本书中定义为比开始训练项目时的最大摄氧量水平高两个点的运动强度水平。赛前跑法比其他形式的跑步训练法更加贴近真实的比赛。

运动优先级:高级到中级,优先等级为 1、2 或 3(范围 1~7),根据不同的训练星期和项目而定。注意有些星期的训练中包含两次赛前跑训练。

持续时间或距离:800 米、1 英里和 2 英里(1600 和 3200 米),重复的次数取决于每次跑步的长度和训练周以及项目。恢复性慢跑和步行的距离与赛前跑的距离一致。

步速或运动强度:目标比赛的跑速(比开始训练项目时的最大摄氧量高两个点)。

最大摄氧量强度:100%$\dot{V}O_2max$。见表 7.3,根据您的最大摄氧量计算步速。

热身运动:轻松跑或跑走运动 5~10 分钟,并进行动态拉伸运动。然后进行 6×50 米大步跑(步速与当天赛前跑的速度一致,并加上 50 米恢复性慢跑或步行)。

整理运动:重复热身运动的动作,但不做大步跑,以静态拉伸运动结束。

典型的训练方式:目前尚没有针对健身跑步者的赛前跑步运动训练计划。

对于最大摄氧量为 50 的 1 英里或 1 万米开始跑步训练的运动员:每次要在 2:31~3:05 时间内完成 5×800 米跑步。

对于最大摄氧量为 50 的半马和全马跑步训练运动员,目标跑速应达到最大摄氧量为 52 的水平:每次要在 6:37~7:30 时间内完成 5×1 英里跑步。

竞赛跑法

描述：这就是所谓您们一直以来追求的目标：大日子（比赛日）！现在您的训练结果将会告诉您是否准备好达到您的目标速度，我希望您是的。比目标赛事重要性低一些的小比赛也是您成长的一部分，可以代替您在训练周内的变奏跑。

运动优先级：最高，优先级为1，不只是比赛训练那个星期，并且也包括整个训练周期中最高。注意，至少在目标比赛的前一周，应渐渐减少所有训练项目。

持续时间或距离：从1500米到马拉松。

步速或运动强度：目标比赛强度，高于开始训练时最大摄氧量两个点的强度。

最大摄氧量强度：100% $\dot{V}O_2max$ 强度。

热身运动：轻松跑或跑走运动5~10分钟，并进行动态拉伸练习。然后跑4×100米大步跑（步速与当天节奏跑的步速一致，再加上50米恢复性慢跑或步行）。您可以多做短距离的间歇比赛跑训练，而不要做长距离跑训练。

整理运动：重复热身运动的动作，但不要做大步跑，以静态拉伸运动结束。

典型的训练方式：以略低于竞赛速度的速度开始，然后尝试在比赛后半程渐渐加快速度（就像一次往返跑步运动训练法）。不要犯一开始就跑太快这样的错误，这对比赛并没有用。

目前尚没有针对健身跑步者的比赛跑步运动训练计划。然而，您可以尝试一下难度不大的竞赛跑训练，如1英里或5000米跑，会很有趣。

对于跑1英里到1万米，以及跑半程和全程马拉松的跑步运动员：在训练计划的最后一周按您的目标速度进行训练。

9 跑步训练前后常规事项

在锻炼过程中，重复、持久的跑步运动对于达到您的跑步目标当然很重要，但是它们并不是良好规划的训练计划中唯一组成要素，适当的热身运动和整理运动可以使您在训练中获益最大，也会让您为明天的训练做好充分准备。本章将会对这些重要组成成分进行讲解，并且讨论训练前后如何达到营养需求。

热身运动和整理运动

一提到运动前的热身您会想到什么画面？一个跑步运动员正在做弯腰和拉伸运动，或是斜靠着墙或树发力？这些热身活动已经被证明是跑步训练中的标准练习动作。当这些动作在正确的时间被规律地恰当进行时，它们会使您保持步幅流畅，并降低受伤的风险。然而，不要把这些拉伸运动就认为是热身运动，拉伸运动也称静力性活动，是整理运动的一部分。热身运动应该在运动前进行，是一项动态的活动。

热身运动

动态的，即动起来的热身活动是最有效的。在锻炼前做静态拉伸运动会减少运动中肌肉力量的输出。热身运动可以增加肌肉以及锻炼过程中流入肌肉的血液温度。动态的热身运动可以保护您避免受伤，同时，使您的肌肉收缩更有效率。

热身运动或整理运动都不需要身体与地面接触。您可以站着做所有的动作。我发现，由于跑步运动员需要面对各种各样的天气，在热身运动和整理运动中，离开地面训练可以促进形成一个始终如一的规律训练模式，并减少患病概率。

运动前最好的热身方式是从简单的步行开始，接着逐渐慢跑起来，最后在稍快的跑步中结束热身。如果训练强度较大，您也许需要做一些简单的动态运动，例如开合跳、摆臂、交替手触脚趾，或四步手触脚趾活动。

开合跳

身体站直，双腿并拢，双臂置于身体两侧(a)。跳跃时，双腿分开，双手向上举过头顶(b)。然后，回到初始姿势，双脚并拢，双臂置于身体两侧。每一组动作重复10~15次。

a

b

前后摆臂

身体站直，双臂置于身体两侧，向前画大弧摆动双臂，重复10次(a–b)，接着，向后画大弧摆动双臂，重复10次，完成一组。

a

b

交替手触脚趾

身体站直，双腿分开略宽于肩宽，双臂打开向两侧伸展，与地面平行(a)。弯腰，并用左手触摸右脚(b)，然后，恢复初始姿势，再弯腰，换用右手触摸左脚，再回到初始姿势。每一组动作重复10次。

a

b

四步手触脚趾运动

身体站直，双臂置于身体两侧，弯腰双手触脚趾。完成第一个动作，身体站直，并用双拳轻轻敲击腹部，然后轻跳，同时双手举过头顶。当双脚一触地面，即放下双臂，再次用双拳轻轻敲击腹部。重复该动作，10次为一组。

根据您的训练需要，也许在训练一开始您就想进行大步跑，如果您做匀速的长跑运动，可以在刚开始轻松慢跑1至2英里作为热身运动。

热身运动除了可以提高身体温度和增加肌肉血流外，还有另外一个好处：在进行热身运动时，您的身体可以告诉您很多信息，"倾听身体的声音"是一个好建议，但这还不够，您还必须要知道如何分析判断身体给您发出的信号。有些时候，您的身体和内心发出的声音需要进一步鉴别，这个过程也是热身运动为什么很重要的原因之一。

需要仔细鉴别的信息举例

1. 假设您是一名跑步晨练者，在寒冷的黎明醒来，感到十分疲惫和肢体僵硬，您可能会想今天并不适合跑步，您的身体在告诉您需要休息一天。

2. 假设您一般在傍晚跑步，您在最近的一次跑步中受了点小伤，但是在日常生活中您并没有注意到它,您认为自己已经痊愈,并且准备恢复跑步。

3. 假设您面临一场重要的跑步比赛,焦虑使您感到虚弱和不自信,您不相信您有站到起跑线前的勇气。

在上述例子中,学会分析这些信号可以帮助您决定如何继续做。但是如果相信身体和内心告诉您的每一个信号,您可能会出错。比如,或许您不会再在早晨跑步,即使跑步可以使您精神焕发;或许在下午跑步时忽略那些小伤,使它变得更严重;或许您会让预赛时的紧张情绪削弱了信心、表现力,甚至无法享受比赛。

这时我们就需要热身运动了。热身运动除了为跑步训练做好身体上的准备外,这个阶段能分辨出您的身体和内心在说什么。它会告诉您是否可以在寒冷的早晨进行跑步锻炼,它可以减轻那些您认为很严重的疼痛,也可以提醒那些您忽略的事情,它可以改变您对自己的怀疑,使您重新站在起跑线上,使您在比赛枪声响起后重拾信心。

进行热身运动后,您的身体和内心将会告诉真相。那些虚构或暂时出现的问题就算没有消失也会被淡化,那些实际存在的问题就算没有增强也会表现出来。完成热身后,请仔细倾听并相信自己身体的声音。

初步整理运动

在进行跑步锻炼之后,需要逐步使身体恢复到正常静息状态,您当然不希望这件事情是瞬间完成的。事实上,您应该将整理运动作为恢复过程的第一步。最坏的事情就是立刻钻进您的车里然后开车回家。不要坐下,请继续保持运动。

在运动训练中,肌肉细胞可能会受到微小创伤,那些创伤后细小的细胞碎片需要从肌肉细胞中移除,运送到血流中。如果过快完全停止运动,流过肌肉细胞的血流量将会快速减少,大量细胞损伤碎片就将残留于肌细胞中。这样会超出肌细胞正常清理每次训练中形成的炎症反应能力,阻碍训练后身体恢复过程。

在完成跑步训练后,您应该立刻轻松慢跑作为整理运动,接着再步行一会儿,直到心率和呼吸频率渐渐回降至正常状态。

跑步训练时,您的体表温度会上升 20°F 左右(大约 10℃),一旦停止跑步,体表温度会很快下降。如果您跑步的那天有点寒冷或只是有凉凉的微风,身体温度会下降更快,您会感到寒冷,这种情况下会加大患病的概率。寒冷会使您的鼻部血管收缩,血流量减少,抵御感染的白细胞减少。在此时,如果感染了病毒,人体防御能力的削弱会使对抗病毒变得更加困难,引发感冒症状。于是,本应抵抗病毒且无症状的人就因为受凉而生病了。为了不增大患感冒的概率,在进行整理运动的下一步骤之前,请准备一些干燥的衣物,用来换下被汗浸湿或是潮湿的衣物。如果您要在室外进行较长时间的活动,要带一些额外的衣物或多穿几层衣服。接下来我们可以进行整理运动的下一步:拉伸。

整理运动中的静态拉伸

跑步就其性质而言,是一项使肌肉变紧的活动,它降低了全身柔韧性——从肩膀到双脚。如果这种肌紧张未得到纠正,会使您感到肌肉酸痛或受伤。拉伸可以抵消跑步带来的身体柔韧性差的问题。

当肌肉变暖且紧张时,它最适宜接受拉伸运动,不仅不容易受伤,并可预防损伤。如果在不恰当的时间进行拉伸运动也可能会导致受伤。由于跑步运动过程是快速且不协调的,治疗性拉伸运动必须缓慢、平滑地进行。请记住以下的拉伸运动黄金规则三条:

1. 缓慢拉伸至不适点,但是不要用力推进或跳至疼痛区域。
2. 保持正常呼吸——不要屏住呼吸。
3. 在身体舒适与不适的临界点处拉伸动作需要保持几秒。

建议做 8 次拉伸运动,大约花费 5 分钟左右。我很肯定一定会有许多人说时间太短, 但是我发现如果要人们花费 5~6 分钟以上做拉伸运动时, 他们干脆就不做了,我还是建议您们应该做一些。如果坚持做拉伸,尽管投入时间并不多,也一定值得。只要您愿意,可以增加重复的次数,或保持拉伸动作更长一些,还可以加上自己喜欢的拉伸动作。

本章接下来的部分将给出各种对抗肌肉紧张的拉伸运动。再次强调,由于跑步要面对各种不同天气环境,因此需要建立持久的拉伸运动模式,拉伸不需要躺在地面上进行。当然,也不需要设备或树干、树枝等支撑物。做拉伸时,首先从颈部开始,依次向下直至脚部。

颈部拉伸

身体站直，手臂放在身体两侧，缓慢向前低头(a)，向后仰头(b)，向左(c)和向右(d)侧屈，重复这些运动约30秒。

肩部拉伸

身体站直，手臂放在身体两侧，双手臂尽量上举(a)，然后手臂放下，双臂交叉环抱双肩(b)，再放下手臂至身体两侧，向后伸展(c)，在每一个位置保持大约20秒。

腹部拉伸

身体站直，双脚打开与肩同宽，双手置于身体两侧。将双手放于臀线上部，向后舒适地弯腰，保持拉伸姿势约30秒。

背部拉伸

身体站直，双脚并拢，双手置于身体两侧。向前弯腰，双手触摸或指向脚趾，保持拉伸姿势约 20 秒。

臀部拉伸

身体站直，双脚分开略宽于肩宽，双臂置于身体两侧。向前弯腰，右手放于左肘部，左手放于右肘部环抱(a)。试着使您的双肘尽可能接近地面，保持该姿势约 15 秒，然后伸直双臂，试着用双手触摸左脚(b)，保持该姿势约 15 秒，接着，试着用双手触摸右脚(c)。恢复双手肘环抱中立位姿势，保持约 15 秒，然后恢复直立姿势。

腘绳肌拉伸

身体站直，左腿置于右腿前，双臂置于身体两侧(a)。向前弯腰，触摸或试着触摸脚趾(b)，保持该姿势约 20 秒。站直身体，交换双腿位置，再次向前弯腰，触摸或试着触摸脚趾，保持该拉伸姿势约 20 秒，然后恢复到初始姿势。

小腿拉伸

身体站直，右脚向前迈出一大步，左腿向后轻移(a)。轻轻弯曲左腿，下压，使右大腿与地面接近平行(b)。这个动作可以使小腿得到进一步拉伸，如果有需要的话，您可以将双臂支撑于右大腿之上，保持该姿势约 20 秒，然后交换腿，重复该动作约 20 秒。

脚踝及跟腱拉伸

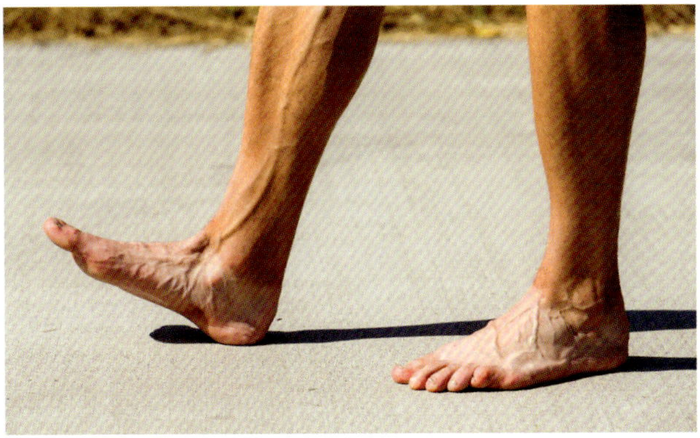

身体站直，双臂置于身体两侧。向前移动一只脚约 30 厘米。保持脚跟接触地面，向后背曲脚掌和脚趾，保持该姿势约 20 秒，然后换另一只脚并重复该动作。您可以光脚或穿鞋进行此动作。

拉伸时长总计：5 分20 秒。

训练前后的营养补充

为身体增添燃料是训练过程中很重要的一部分，它指的是锻炼前、后的营养问题。我把这项内容加在这里，因为补充营养应该是热身运动和整理运动常规的组成部分。

训练前的营养补充

训练前，您所需营养应该包括蛋白质、碳水化合物和液体。蛋白质很重要，因为它可以抑制运动训练过程中组织分解的正常过程，并加速恢复过程中蛋白质的合成。碳水化合物也很重要，因为在运动锻炼过程中储存在细胞中的碳水化合物燃料——糖原将被分解利用，新的碳水化合物供给可以有效抑制糖原分解。液体同样重要，因为当您进行运动锻炼时，出汗和呼吸会损失身体中的水分，从而避免身体过热。尽管在运动过程中人体新陈代谢增强，提供了水分，但是水分流失的速度是水分产生的速度的 10~15 倍。锻炼前，蛋白质、碳水化合物和液体的补充将会补偿运动中的消耗。

运动锻炼前补充营养并不复杂，只要拿一杯简单、有效、可口、便宜又便捷的饮料就够了，它可以提供人体所需的蛋白质、碳水化合物和液体。忽略那些让人眼花缭乱的功能性饮料，它们通常含有少量的蛋白质和大量的可以促进胰岛素释放的糖分，大多数还会含有咖啡因或一些其他形式的兴奋剂。咖啡因有增强体力的作用，但是人体会渐渐地习惯它，最终会需要越来越多的饮料才能达到同样的效果。此外，咖啡因也会破坏您的内分泌系统，尤其会使肾上腺素的储备减少。五杯咖啡中的咖啡因含量被认为是合法的，请把它们留下来用于比赛，一杯便足够发挥提高体力的效果。

运动锻炼前喝一杯巧克力牛奶几乎对所有人都是十分理想的，当然，除了那些乳糖不耐受的人。这种饮料包含了蛋白质和碳水化合物，在运动前30分钟，喝一杯脱脂的巧克力牛奶。如果您的锻炼计划比平时要长一些，您还可以在喝牛奶之前先吃一片全麦面包。伴随着面包被消化，它会缓慢释放碳水化合物，提高血中葡萄糖含量，但不会急剧升高胰岛素水平。如果您不吃麦制品，也可以吃一根香蕉来代替面包。如果想吃蛋白质奶昔，那么请服用含乳清的蛋白质。乳清可以被很快吸收，使蛋白质快速发挥作用。

乳清蛋白质饮料对那些无法耐受乳糖的人有很好的效果。如果他们选择含乳清蛋白溶液或不含其他蛋白质成分的纯乳清蛋白液。或者他们也可以在饮用乳清饮料前先服用乳糖酶。

另一个您需要养成的习惯是在进行运动锻炼前的2小时喝2~3杯水（473~710mL）。如果您计划跑步的时间超过2小时，务必要确保水的供应(随身携带或储存起来)，这样您就可以每跑3~4英里(4.8~6.4千米)喝一次水。

运动锻炼后的营养

运动锻炼后的营养补充是恢复过程的延续，而且锻炼后营养补充得越早，便越有效。身体除了要再次获得锻炼前营养计划中所包括的蛋白质、碳水化合物和液体外，运动后还需要补充运动中丢失的维生素和矿物质。如果运动锻炼项目是长跑，您也需要恢复那些被认为是好脂肪的不饱和脂肪。两件最迫切的事是复原肌肉细胞中的糖原和促进肌肉细胞中的蛋白质合成。如果没有每天运动锻炼后的营养补充，糖原消耗和肌肉组织损伤可能会对身体造成不利影响。

运动锻炼后的营养计划可以有多种选择，但是巧克力牛奶仍然是一个可以实现糖原复原、促进蛋白质合成的好选择。巧克力牛奶含有大量蛋白质和碳水化合物，它的高含水量可以补充那些运动中出汗或呼吸损失的水分，它也含有矿物质，比如钙，可以帮助构建骨骼和促进能量新陈代谢。因其是液体，它可以很快被人体吸收，它里面含有的蛋白质和碳水化合物混合物比普通牛奶更能被有效吸收。

在运动锻炼后饮用巧克力牛奶而不是那些商业广告中所谓的复原饮料，可以减少肌肉损伤，保持糖原高度浓集，增加瘦体重质量，提高最大耗氧量。在锻炼后的饮料有很多选择，一定要确保您选择的饮料中含有矿物质、碳水化合物和蛋白质。

在喝牛奶时吃一根香蕉也许是锻炼后最好的选择，香蕉中含有三种形式的碳水化合物:糖原、果糖和蔗糖,它们就像是延时释放的碳水化合物能源。香蕉中也含有大量的钾——一种矿物质,它可被用于肌肉收缩过程,促进骨骼健康,有助于细胞内外体液平衡和传递神经信号。香蕉中含有食用纤维,用来调节饥饿感。和牛奶一样,香蕉也很容易被消化和吸收。所以,考虑一下将香蕉列为您的恢复计划中的一部分。如果您不喜欢香蕉的话,可以用一片面包来代替。

根据运动锻炼的剧烈程度不同,在完成锻炼后的 30 分钟内,喝 236~478mL 巧克力牛奶并吃一根香蕉,运动后营养补充延迟会降低促进恢复的效力。如果您更喜欢在运动锻炼后喝一杯蛋白质奶昔,那么请选择一种含有乳清和酪蛋白的食物,这些饮料可作为延时释放的氨基酸资源发挥促进恢复作用。

10 交叉训练

交叉训练是指在初始运动之外再加入一项运动。交叉训练为跑步运动员提供了新选择,它主要可达成以下五个目的:

1. 增强和平衡各个肌肉群、肌腱和韧带。
2. 增强或保持身体灵活性。
3. 使跑步者得到片刻精神上的休息。
4. 在休息的日子里用其他活动代替跑步。
5. 在受伤的日子里坚持健身。

对于交叉训练项目,您有很多选择,可以去健身房练习举重,参加健身课程,或者使用有氧健身器材进行有氧训练。如果您喜欢,其中许多活动也可以在家做,您可以在最喜欢的跑道上骑自行车或去溜冰,也可走出户外寻找新的邻居。每一项运动都可以达到上述交叉训练的目的。不过,水中运动训练也许是您最好的选择,因为它可以满足全部交叉训练的五个目的。

水中运动训练

这部分的重点在于利用水的特性减轻垂直体位或跑步运动过程中重力对人体的影响。浮力设备可以帮助身体在漂浮时保持竖直状态,并且允许身体以适当的形式运动。尽管一些人不用浮力设备,但通常他们的注意力转移到把头保持在水面之上,从而导致动作走形。您用浮力设备时的运动训练将会和不带设备训练时一样充满活力,而且动作更优美,您也可以进行水中有氧训练或是游泳。水中训练可以帮助治疗运动损伤,同时对运动后恢复和全身体能提高都具有很好的效果。

根据记载,用水来训练和康复的方法已经有很长历史。公元 60 年,罗马人发明了浴盆。作为洗浴文化的发源地,英国巴斯,以温暖舒适的洗浴方式而闻名。20世纪30年代的澳大利亚,一位叫作肯妮的护士开创了水疗法,应用于小儿麻痹症患者的康复。她的治疗方法很快被证明比其他方案痛苦小、作用大。20世纪60年代,重量级拳击冠军穆罕默德·阿里使用了水中训练法。赛马运动员将水中训练也纳入他们的训练计划和复原养生法中。

是什么使水成为交叉训练和康复训练中一种良好的媒介呢?水有重量,比空气重很多,这会引起液体静压力,它与水深成正比。静止情况下,身体各处所受压力相等,而当身体的一部分运动时,相反方向压强增大,产生阻力,这种阻力与举重训练中产生的阻力相似,可以增强力量。

水有拉力。拉力是由前后压强差产生的,当您直臂从水中穿过,臂前的压强大于臂后的压强,这就会形成拉力。当然也会产生阻碍液体流动的湍流漩涡,这会增添更多的阻力。手臂在水中运动得越快,受到的阻力越大。

水有黏性。水分子之间相互吸引,这种吸引力会引起摩擦力,从而导致阻力增强。

水有浮力。人体的密度大于水的密度,由于这个原因,人体会下沉到排出水的重量与浮力相等时为止。水中人体重量相当于陆地上人体重量的十分之一。浮力抵消了体重的拉力作用,这会使受伤的手臂在水中运动得很轻松,并且减轻痛苦。

水中人体重量=陆地上人体重量-排出水的重量

水有比热。比热是温度上升1℃所需要的热量,水的比热是空气比热的25倍,因此人体将会利用水的冷却作用保存更多的体内液体,结果出汗减少。

所以水可以为成对的肌群都提供阻力,起到促进运动或对抗运动的作用,从而保持肌群间平衡。水允许人体在无重力环境中进行运动,并可使身体保持较冷的状态(见表10.1)。

表10.1　水中训练对于跑步者的益处

使身体放松
提高动作的灵活性和活动范围
促进关节和抗重力肌群的恢复
提供了另一种有氧训练环境
训练伙伴在水中运动时可以增加交流
水中运动可以同时锻炼协同肌群和拮抗肌群,增强力量和平衡性

如果您是健身跑步者,将水中训练作为运动训练项目,按照运动锻炼计划表中的参数进行训练即可:相同的时长和可接受的强度。水中训练尤其适合在放松阶段

进行，因为它可以在完成训练之后让身体复原。请记住运动前和运动后的营养补充对于水上训练同样重要。

如果您想游泳，请用标准游泳方法，最好是蛙泳。但是游泳是独立运动方式，一些跑步运动员习惯于在跑步过程中观察周围，并与队友交谈，他们将游泳池中的运动看作是对感觉的剥夺，在这种情况下，可以考虑水中有氧运动。

如果由于受伤您需要在水中锻炼，请记住以下三条规则：

1. 在进行关节活动范围运动时，要避开痛点。举个例子，如果您正在弯曲膝关节，疼痛感在弯曲20°出现，那么请不要弯曲到21°。

2. 扩大活动范围和强度时要轻柔，不要强迫自己。

3. 当伤病开始好转，不要做愚蠢的事情，请逐步恢复到正常训练水平。

运动损伤恢复的下一个阶段仍需要在水中训练，在浅水中行走或慢跑，然后渐渐过渡为在草地上漫步或慢跑(见表10.2)。

表 10.2　水下训练对于伤病跑步运动员的益处

减少损伤的影响
更早开始康复
为需康复部位提供安全的环境
增大受伤区域的关节活动范围
通过简单的水中运动缓解疼痛
促进受伤区域血液循环
促进受伤区域水肿消退
重新组织神经肌肉的模式
减少受伤区域的肌肉萎缩
加速重返陆上运动进程

健身馆中有氧训练

在健身馆进行有氧运动有两种选择：器械锻炼或团体运动锻炼。最常见的有氧运动器材包括跑步机、椭圆运动机、固定脚踏车和划船练习器。团体运动课程有各种类型的有氧舞蹈、团体操训练和健身运动课程，训练强度从低强度、非常容易学做的运动到挑战性不断提高的团体运动，这些有组织的群体活动对于那些喜欢和大家一起运动的人来说是一个好选择。如果您选择其中某项您不熟悉的团体运动锻炼方式，请小心您的身体可能会不适应其高强度，也许会对身体带来伤害。充分热身,选择略低于您能把控的强度进行团体运动锻炼,不要因为教练或带队老师催促而超量。

家中有氧训练

许多健身房里能见到的运动锻炼器械,现在都可以买回家中使用。一些家用跑步机、划船练习器和椭圆运动机比健身房的要便宜些。在家运动锻炼更便宜的方式还有很多,如有氧运动和有氧舞蹈光盘、跟随电视节目运动,或更简单的跳绳。

如果您想在户外进行训练,可选的有自行车和椭圆运动机,或者滑板车。速度溜冰和溜冰板也可以提供一种有氧运动训练方式,但是这种运动对协调性不好的人来说有一定的风险。

自行车运动在跑步者中很流行,其原因是自行车运动与跑步运动有着许多共同点。在户外,骑自行和跑步有着一样的运动路线,并且骑车行进的距离可以达到跑步行进距离的两倍。

步行运动时其承重仅为跑步承重的1/3。您可以在任何地点、任何时间步行,损伤风险很小。但是由于步行运动训练强度较低,相比跑步或其他交叉运动来说,训练益处显现的更慢,为了实现这些益处,您必须走更长的时间去完成同样的距离。但是步行运动真正的好处在于它是一项放松又低调的活动,恰好与跑步形成鲜明对比。您可以和家人、朋友甚至是宠物狗一起散步锻炼。

基于自身体重的力量训练方法

这里有许多具有挑战性的力量训练方法可供选择,各种不同的APP应用提供了数百种锻炼方式。然而,如果您更希望按照这本书的主导思想,保持简约实用,我现在会给出几种可以用来提升整体健康与体能的基本力量训练方法。

力量训练通常不是用来放松休息的交叉训练活动形式,而是用它来提升和平衡整个身体的力量。由于跑步是一项单方向活动,它会使一些肌肉比另一些肌肉更加发达,会出现力量不平衡的现象,也许会引起受伤。力量训练可以恢复和保持肌肉力量平衡,它们可以简单到以体重为负荷进行的训练,也可以复杂到像在健身房有私人教练指导的正式重量训练。常用的利用体重负荷力量训练方法有俯卧撑、仰卧起坐、半蹲、弹跳和俯卧撑上纵跳。

表10.3列举了一份基础却又值得做的10种体重负荷力量训练方法。您可以

每周做 2~3 次这些训练，最好在比较大强度跑步训练之后，但在拉伸整理前进行。为什么？因为在连续获得有氧适能后，您要进行整理运动。您可以留到放松阶段再做使身体恢复。

您可以变换各种不同的锻炼方式、重复次数和进程，但是要再一次强调，一定要坚持适合自己的运动方式，不要做可能造成伤害或疼痛的锻炼。

表 10.3　基础的自身体重力量训练方法

训练名称	运动训练的部位	重复次数	进程*
弹跳	小腿和双脚	25	2
仰卧起坐	核心肌群	20	2
俯卧撑	手臂和肩膀	12	1
平板支撑	核心肌群	3×10 秒	1
蜷身纵跳	双腿	每组 12 次	1
站立俯卧撑	全身	6	1
脚跟抬起	小腿和双脚	20	2
超人式	腰背部	8	1
手臂屈伸支撑	手臂和肩膀	10	1
足趾屈曲	脚	每侧 20 秒	无变化

* 每月增加的重复次数

弹跳

身体直立，双臂置于身体两侧(a)。放松膝盖，轻抬脚趾向上做弹跳(b)。每组动作重复25 次。

a

b

仰卧起坐

仰卧躺在地板上，将双手抱于胸前，屈曲双腿，保持脚掌贴于地面或者钩在一个稳定的物体上(a)。腹部肌肉收缩坐起身来，使躯干与地面保持 45°或 90°角(b)。每组动作重复 20 次。

a

b

俯卧撑

跪在地板上，向前探过身去，将双手置于双肩下，伸直双腿，脚趾接触地面用于支撑身体(a)。弯曲双臂以至使胸部和下巴接触到地面(b)。不要向前伸头，使头部、后背和双腿呈一条直线。每一套动作重复 20 次。

您也可以以跪位进行这个动作，当您曲臂使胸部和下巴接触地面时，保持头部和后背呈一条直线。然后伸直双臂，回到原始姿势。

a

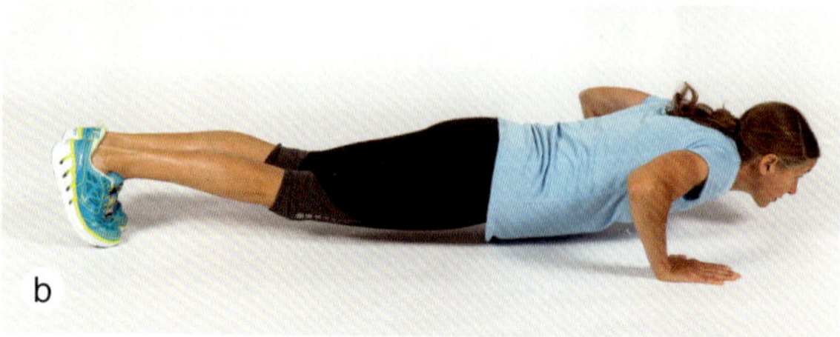
b

平板支撑

跪在地板上，向前探过身去，将您的肘部和前臂置于双肩下支撑在地面上，伸直双腿，脚趾触碰到地面以支撑身体，颈部不要弯曲。头部、后背和双脚应呈一条直线。保持该动作3次，每次10秒。

蜷身纵跳

身体直立，双脚并拢，双臂置于身体两侧。准备动作中，稍微弯曲双膝(a)。然后向上跳起，尽量弯曲双腿，膝盖向上直到大腿与地面近似平行(b)。轻轻以脚心着地，站直身体，继续重复。每组做12次。如果您一组不能完成12次，可以将它们分解成几个小组，再渐渐地增加每次重复的次数。

a

b

站立俯卧撑

身体直立，双脚并拢，双臂伸直向上举过头顶(a)。然后深蹲，双手触摸地面，恰在肩膀之下(b)，然后再伸直双腿，像俯卧撑的姿势一样将脚趾置于地面上(c)。然后再次将双膝收回到身体之下(d)，回到初始姿势(e)。做一组，每组6次。

脚跟抬起

身体直立，双脚并拢，双手置于身体两侧(a)。从地面上抬起脚跟，用脚趾支撑整个身体(b)。然后脚跟回到地面，重复。如果需要的话，可以将双手放在墙上、椅子上或者栏杆上作为支撑。做一组，每组 20 次。

超人式

俯卧躺下，双臂向前伸直，双腿向后伸直(a)。同时将双臂、胸部和双腿从地面上抬起(b)。然后回到初始姿势。做一组，每组 8 次。

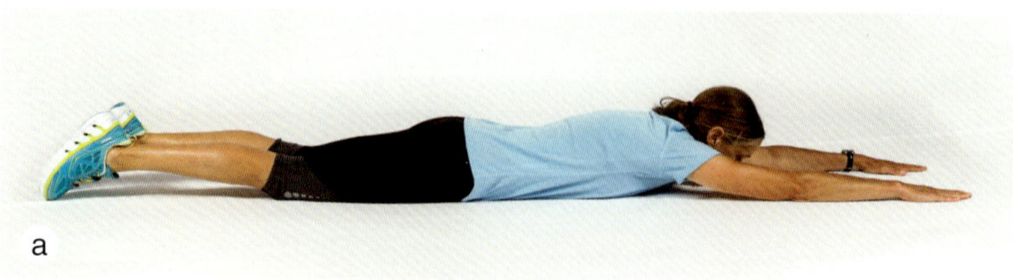

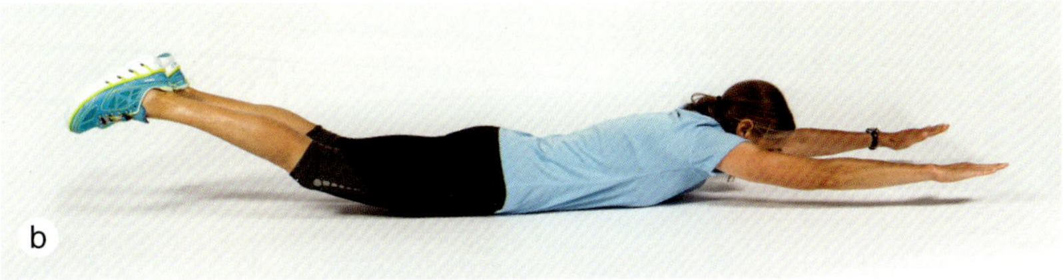
b

手臂屈伸支撑

坐在地上，双膝弯曲，脚跟放在地面上，双臂置于身后，手掌贴在地面，手指向前，肘微弯曲(a)。伸直双臂使臀部离开地面(b)，然后回到初始姿势。做一组，每组10次。

a

b

足趾屈曲

坐在椅子或长凳上，将脚跟放在地面上，然后弯曲脚掌，将脚趾向前弯曲，保持该姿势20秒。

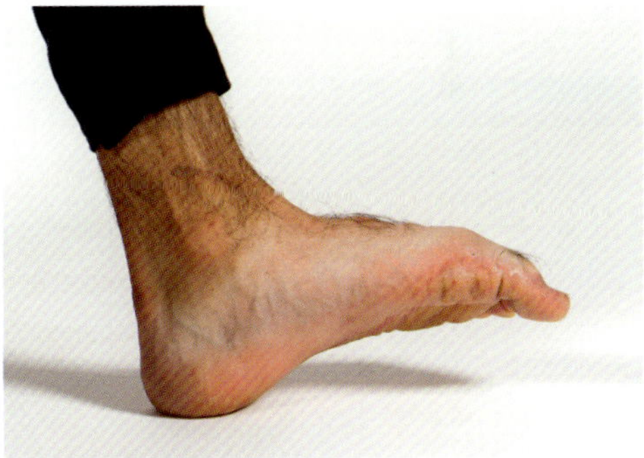

当您完成了整套动作，您可以2分钟的哑铃跑作为结束，跑步时挥动双臂，每个哑铃的重量应该控制在5~10磅(3~5千克)。完成之后，如果您有一根单杠，20秒吊杠动作可以帮助您舒展身体。接着，单腿分别做3次静止站立运动，每侧坚持10秒以培养平衡性。然后做10次腹式呼吸，缓慢深吸气，最后以伸展运动和补充营养的方式结束。

这些基础力量训练动作对于您而言或许会很简单,或许会很难,尤其是在一开始的时候。您可以不局限于做这些运动,重复次数可以多点少点,负荷或多或少,总之,要使训练与您的体能水平和个人目标相匹配。如果不太确定,宁少勿多,宁轻勿重。当身体在经过这些挑战后,可以逐渐给自己加大难度。

家用力量训练器材可以有多种选择。常用的有哑铃、杠铃和拉力带,经过长时间应用已经证明它们都有显著的效果。拉伸带或拉伸绳越来越流行,因为它们可以锻炼整个身体,并且在旅行中便于携带。大型健身球可以用于多重锻炼中,也可以用作卧推和仰卧起坐的基垫。

瑜伽作为一种健身方式在东方已经存在了几个世纪,现在它在整个世界流行开来。根据选择的姿势以及保持姿势时间的不同,瑜伽可以提升身体的灵活性、力量和注意力集中程度。它是促进跑步运动中重要的呼吸功能改善、帮助放松和恢复的理想方法。

器械力量训练方法

如果去健身房,您可以在众多类型的增强力量器械中进行选择,包括自由重量器械,几乎任何您可以想象到的各种力量形式训练器械。表 10.4 列举了 10 种基本的自由重量、哑铃或者力量器械的运动方法,表后为练习方法说明和图片。在开始每项运动训练动作之前,先不负重练习 5~6 次将要进行的力量训练动作。

表 10.4　基础器械训练

训练名称	运动部位	%体重	重复次数	进程 *
杠铃上提	手臂和胸部肌肉	25	8	1
俯卧腿弯举	腘绳肌	12.5	8	1
坐姿伸腿	股四头肌	12.5	8	1
卧推	手臂和胸部肌肉	25	8	1
板上仰卧起坐	核心肌群	无负重	20	2
箭步推举	手臂和胸部肌肉	20	12	1
吊杠提膝	核心肌群	无负重	15	1
屈腿硬举	腰背肌	33	8	1
抓举直立	手臂和核心肌群	25	8	1
正握引体向上或下拉	手臂和胸部肌肉	引体向上:无负重下拉:50	引体向上:每 2 组最大总量+2 下拉:每 2 组重复 6 次	重测最大量

* 每月增加的重复次数

杠铃上提

选择合适重量的哑铃或杠铃，将该重量从身体前方抬离地面，双臂伸直(a)。如果用的是杠铃，紧握杠铃，保持双手之间距离为 3~4 英尺(7.6~10 厘米)并将其提至您的下颌处(b)。如果用的是哑铃，将该重量提至胸部高度。然后放下，恢复到初始位置。做一组，每组8 次。

俯卧腿弯举

将合适的重量放在加重杆上，俯卧于屈腿练习凳上，将脚后跟放在护足架下(a)。弯曲双膝，提起阻力杠直到小腿与地面垂直(b)。然后，放下双腿恢复初始姿势。做一组，每组 8 次。

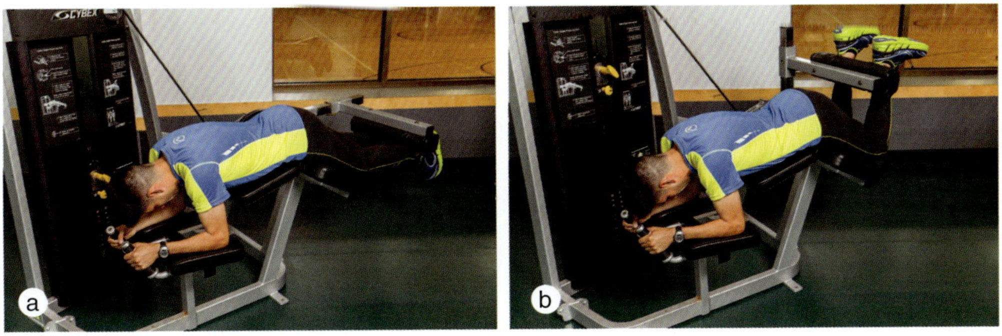

坐姿伸腿

在阻力杠上放上合适的重量，坐在伸腿训练椅上，屈曲双膝，小腿前垫上护垫置于阻力杠下(a)。对抗阻力伸直双腿，直到双腿与地面平行(b)。然后回到初始姿势。做一组，每组 8 次。

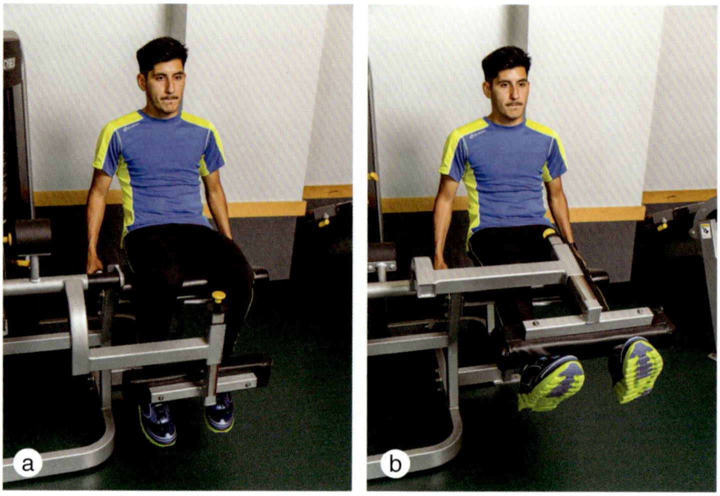

卧推

选择合适的负荷重量，将其置于标准卧推力量训练台上，或者在摆好卧姿后放在手中，然后躺在运动台上，抓住举重杠，双手分开与肩同宽，将举重杠下拉至胸部(a)。伸直双臂，举起杠铃(b)。然后将杠铃放回初始位置。完成整个动作后，重新将杠铃放至标准力量训练台上，或者让其他人将您手中杠铃取走。一定不要在手握杠铃时坐起来。做一组，每组 8 次。

板上仰卧起坐

背向坐在后倾的健身板上，双脚置于护足架下。双手抱头或交叉置于胸前，缓慢向后躺下(a)。抬起躯干使身体与地面形成 45°~90°角(b)。然后回到初始姿势。做一组，每组 20 次。

箭步推举

选择合适的重量，将杠铃置于脚前，微微弯曲双膝，弯腰并稍微下蹲，双手分开与肩同宽，抓住杠铃。然后，伸直双膝和躯干，将杠铃提起至下腹部，再径直提至胸部(a)。将杠铃举过头顶，同时伸直双臂并向上轻跳，使一腿向后方退出几英寸的距离，而另一腿向前迈出几英寸的距离(b)。然后，将杠铃下放至下腹部，换另一侧腿重复上述蹦跳分腿举杠铃动作。在每次重复中不断交换双腿位置。做一组，每组 12 次。完成时，放下杠铃至腹部，并轻轻下蹲将杠铃放回地面。

吊杠提膝

轻轻向上跃起,双手抓住单杠,两手分开与肩同宽(a),身体悬挂杠上,然后,抬起膝盖靠向胸部(b)。做完动作后回到初始姿势。做一组,每组 15 次。

屈腿硬举

选择合适的重量,站立,杠铃置于脚前,微微弯曲双膝,弯腰并稍微下蹲,用双手抓住杠铃,两手分开与肩同宽(a)。起身至站立姿势,双臂和双腿保持伸直,杠铃约在大腿前面(b)。然后稍稍弯曲双膝,向前弯腰直到上半身与地面几乎平行(c)。然后伸直身体至站立姿势,反复重复。做一组,每组 8 次。

抓举直立

选择合适的重量，将杠铃置于脚前，微微弯曲双膝，弯腰并稍微下蹲，用双手抓住杠铃，两手分开与肩同宽(a)。按照下列三个步骤执行以下动作，每步之间可稍事休息：

1. 伸直双膝和躯干，将杠铃拉到下腹部，并保持下蹲姿势。

2. 然后伸直双腿将杠铃举至胸部(b)。

3. 最后，伸直双臂将杠铃举过头顶(c)。

之后，按照与上述三个动作相反的顺序回到初始姿势，按顺序重复动作。做一组，每组 8 次。

正握引体向上或下拉

正握引体向上

轻轻向上跃起，双手抓住单杠，与肩同宽(a)。直挂在单杠上，向上拉动身体，使下巴超过单杠(b)。然后，再使身体缓缓下降直到双臂伸直，重复该动作。重复两组动作，用 1 组中能做到的最大重复次数，再多加 2 次的做法完成。例如，如果每组动作最大重复次数是 6，就做两组每组 4 次重复动作，这样总数就是 8 次。如果您一次最大承受动作次数小于 5，请用下拉来代替正握引体向上动作。

正握下拉

选择合适的重量(以您体重一半的重量开始，并且随训练时间增长逐渐增加

重量)。坐在下拉杠下,双手臂向上伸出,抓住下拉杠,双臂伸直并分开与肩同宽(a)。将下拉杠下拉至下颌下(b),然后回到初始姿势。做两组,每组 6 次,一共重复 12 次。

淋浴中的拉伸训练

在淋浴房里进行交叉训练也许看起来是一个奇怪的地方，但是它对于练习腹式呼吸和 3 种拉伸运动的确是一个极好的地方。腹式呼吸帮助您更有效地运输和摄入氧气,它也可以帮助您在竞赛关键时刻保持放松状态。以下三种拉伸运动可以分别加强身体 3 个重要部分的柔韧性，在温暖的环境下进行这些动作可以使肌肉和肌腱更容易接受训练。考虑到安全问题,只能在有防滑地板的淋浴房内进行这些练习。

靠墙牵拉小腿

身体站立,距淋浴墙约 30 英寸(76 厘米),手掌贴在墙面上,向墙方向靠,保持身体挺直,直到头部几乎碰到墙面。保持该姿势 30~45 秒。

直立向后弯腰牵拉胸腹

身体直立,双脚分开与肩同宽,双手置于身体两侧,将双手放到臀部上缘,然后向后缓慢地弯腰。保持拉伸姿势 30~45 秒。

向前弯腰触趾

身体直立,双脚并拢,双手置于身体两侧,向前弯腰,用双手触摸或指向您的脚趾。保持拉伸姿势 30~45 秒。

交叉训练可以在伤病恢复过程中帮助您保持健康，它也可以提升力量和身体柔韧性,并且可以为您注入各种不同的训练计划,使训练始终保持新鲜感。

11 跑步日志

正如前面几章所述，人们因各种原因参加跑步训练，并且享受跑步带来的身心愉悦。如果您想获得这些益处就必须坚持，跑步是一项耐力运动，它将使您终生受益。如果中断跑步一个月，它所带来的益处将开始下降，但坚持长期的跑步身体健康将不断改善，因此，您的重要目标就是长期坚持。我希望您坚持参加跑步运动，享受它并终生受益，这才是真正意义上的胜利。不管您跑多快、多远，坚持就是胜利，不能因为受伤或失去兴趣就退出，将跑步运动作为生命的一部分的人就是胜利者！

对于跑步的效果多用数据来表示，但对于大多数跑步者而言跑步运动的价值是不能用数字估量的，更重要的是感受持续跑步运动后带来的喜悦、休息和放松。显然，您希望能够坚持下去，并取得不断进步。因此，你需要记录下自己的进展过程。

评价您的进步

无论您跑步的目标是什么，都应当选择准确的方法去评价您的进步。跑步是可以立刻衡量的，它有非常客观的距离和时间作为测量指标。

例如，如果您的目标是提高一周内跑步的最长距离或一周总距离，你知道就必须增加跑步圈数或加长跑步里程；如果您的目标是比以前跑得更快或全面改善步速，只须看看表察看一下时间就知道成功与否。

也许您的目标更具个性化，并不过多关注跑多远或多快，而是关注跑步的感受和体型变化，外部的反馈来自于镜子或尺子，或您的穿衣，内部的反馈来自于您的气色、强壮和休息好坏。

也许您跑步是为了保持良好的心肺功能，以使您每天保持充满活力，那么检测跑步效果就用休息时的脉搏测量，看看是否更加强有力、更加缓慢。

不论您关注的是数据、身体或心理感受，您都想看到自己的进步。运动表现和身体变化是实实在在发生的。无论您是什么年龄，开始参加跑步训练时初始体能水平如何，每个人只要忠实地、长期坚持参加跑步运动训练就能看到这些变化。但这些改变不会立即出现，不是一天、一周，甚至一个月，而是身体长期慢慢适应运动训练的一个过程，进步有着自己的时间表。

在这个过程中，您必须了解正确的路径和排除一些困难，要了解您的现在和将来，这就是为什么需要跑步日志。

大多数其他运动训练也需要记训练日志，可以帮助人们评价进步和增强训练成果。篮球运动在每个赛季和赛场都要记录投篮次数和命中率。足球运动也要记录赛中、赛前训练中每次遇到的对手防御及抢断球数，他们根据数据来得出每次在俱乐部里、路上、草坪和人造草皮表面进行训练的有效性。棒球队要统计跑动中拍球次数、传球次数和抢断次数，计算出百分比，并且也要计算出队员在场中平均的跑步距离，以提供投球能力的数据。

跑步是一项简单的运动，我们将秉承全书的原则，尽量简化这个环节。

坚持记跑步日志的好处

如健康和健身是人们终生追求一样，跑步需要终生努力。从现在开始，一季度、一年、十年——当您回顾这么多年的进步时，会觉得非常自豪。但是怎样回顾呢？您可以看您的跑步记录。因此我们建议您记跑步日志、笔记。这样您可以获得一个可以测量和比较的数据。

距离、时间、体重、血压都能够快速和方便地测量获得，每天都要记录，这样可以准确地将其与未来的数据进行比较，然后您就可以准确知道进步有多少。

也许保持记跑步日志最重要的理由是监测有关疾病和损伤，这样可以帮助您了解为什么生病和受伤，以便排除这些损伤和生病的危险因素。缺乏睡眠和过量训练是很多疾病的原因。观察您的日志可以了解睡眠和过量训练的早期征兆，以帮助您保持健康。

您的个人记录可以简单到仅仅在日历上或笔记本上做记录，也可以复杂到专门购买专用日记本或计算机应用软件来记录。您可以快速地记下几个数字，也可以根据自己的经历加上一些说明文字。但是在哪里记录或如何记录都没有关系，主要是坚持记下去并涵盖基本信息。

知道自己现在是什么程度与计划自己想要达到的目标同等重要。记跑步日志将有助于您更好地了解自我，使自己知道优势与不足，您可以从中学习，避免犯同样的错误。

跑步日记将帮助您：

- 标明您的进步
- 建立和保持有效的训练习惯
- 了解怎样产生的问题
- 监测损伤的康复
- 重建信心

跑步日志的模板可以从 www.humankinetic.com/pruducts/fitness-running-3rd-edition 去下载和打印。将这个主页收藏更方便您查找。在每周开始时填入本周训练计划，跑步后将自己完成的部分作标记或修改，还有一些空白处可以写评论。本章末，你可以看到日志样页。

可能您更喜欢用其他方式来记录跑步信息，如移动电话或平板电脑，选择最适合您的方法即可。对情绪、健康、潜在的损伤的说明性文字尤其有帮助。

日志里记什么

写下整个一周的跑步训练计划，在计划完成后做上标记，并写下评论文字，至少要记下您一周中跑步的总时间和总距离。

其他需要记下的有跑步速度，如每英里或每千米的步速、距离、天气条件和生理、心理的感受。疼痛、不适或损伤一定要记下来。您可以对该训练情况进行简约评论，包括与身体和心理相关的状态、改变的每日锻炼时间表和路径。有些人喜欢用1~10来进行分级，也有些人喜欢用一些词语如“好”“非常疲劳”等来分级。甚至也可以用一些简单图片来形容您的心情，如皱眉头或笑脸。

要特别关注对您来说比较艰难的训练，比如间歇跑、稳定跑、快慢交替跑、节奏跑、往返跑训练，竞赛是检验训练效果的最好办法。与前面的训练计划相对比，如往返跑，两周前需要 30 分钟跑完，而昨天同样的距离仅需要 29 分 15 秒，这就是您取得进步了。

要认真倾听身体的反应，它将告诉您该如何训练。养成测量晨脉和血压的习惯，并记录在日志里。如果血压和脉搏较低，说明您的心血管系统正在适应和增强。

如果心率突然加快5次或更多,说明您的训练可能过量了,需要休息。知道这些正常值,您才能随时进行调整。

每天早上还要记录您的体重, 大多数跑步者都希望体重减轻或保持现有的体重,但是突然体重减少了3%就不是一个良好信号,说明训练过量,需要休息。

记跑步日志没有正确或错误的方法,关键是适合自己就好。

训练日志的模板

这里有一个将要跑5千米比赛的人的周记模板, 跑步者目前跑5千米最短的时间是23分57秒,最大摄氧量约为42。训练目标是最大摄氧量44,时间为23分,速度为每千米4分36秒,此人的最大耐力是60分钟。早上起床后排空尿便、空腹测量脉搏、体重(BW)。估算夜间睡眠时间为几个小时(HS)。

表格 11.1　训练周记样本

5km 计划	12 周		日期 2015.9.28		目标			
日期	训练计划	持续时间	%$\dot{V}O_2max$	每英里时间	距离	心率 bpm	体重 lb	睡眠 HS
星期日	长跑(1)	42min	60~70	10:07~11:47	4mi	62	155	7.5
星期一	恢复(5)	30min	50~60	11:48~14:09	2.5mi	60	154	8
星期二	赛前准备(3)	4mi	目标速度"感到非常顺畅的里程"	7:30 7:25 7:25 7:20	4mi 加准备活动和整理活动	63	155	7
星期三	恢复(5)	30min	50~60	11:48~14:09	2.5mi	65	153	8.5
星期四	间歇跑(2)	6×400m	100,最后400米用时1:38,好极了	1:45 1:42 1:40 1:40 1:42 1:38	1.5mi 加准备活动和整理活动	61	154	8
星期五	恢复(7)	30min	50~60	11:48~14:09	2.5mi	60	155	8.5
星期六	恢复(4)	30min	50~60	11:48~14:09	3mi	59	156	7.5

第三篇

跑步训练方案

从本章开始您就要付诸行动了。您已经熟悉了训练的各种要素，现在就去路上、跑道上、赛场上去实施吧，是把数据变为行动的时候了。

这些训练计划时间表需要根据您个人的能力和目标而定。当然您的运动表现和跑步目标也会随时间的变化而发生改变，当您的体能提升，您探索跑步运动的期望值也会增加，您可以根据新的运动能力和目标更新您的训练计划方案。这里提供六种训练计划方案：

1.初始训练方案（第12章）：本方案适用于准备开始跑步训练，并通过跑步改善健康体能，或者长时间中断后恢复跑步训练的人。

2.健身训练方案（第13章）：本方案适用于跑或走相对短距离的训练，并且步速较轻松。

3.短距离竞赛训练方案（第14章）：本方案主要适用于为以更快速度跑完1英里或1.6千米的快速跑训练，或者准备参加5~12千米的竞赛者。

4.半马训练方案（第15章）：本方案适用于准备参加15~25千米比赛的跑步者。

5.马拉松训练计划方案（第16章）本计划适用于准备参加马拉松或30千米~20英里比赛的训练计划。

6.赛后恢复或损伤训练方案（第17章）：本方案适用于比赛恢复、损伤或疾病恢复性训练，也适用于过度训练的恢复性训练。

12 初始跑步训练方案

如果您是第一次尝试正式的跑步训练计划，或是在长时间中断跑步后重新开始,该如何开始跑步计划呢?由步行开始!“跑之前先走”不仅适用于跑步这项运动,其实对于更广泛世界的许多活动来说都是真理。

步行可不是虚弱或屈服的表现,它是奔向冲刺或快速跑的连续过程中的始点,步行对于跑步者来说有很多好处,既可以是热身或整理活动,也可以是间歇跑的恢复性运动,还可以是放松日的训练方法,对损伤后恢复也是很好的运动形式。

最安全的**跑步**计划就是由**步行**开始,您可以轻松无疼痛地步行半小时吗?如果不能,那么就开始您的适应性步行并达到这个水平吧。一旦已经具备步行 30 分钟的能力,您就可以跑上一小段,跑走交替训练。

跑步与步行的交替间歇不是由距离来算,而是以时间而定。用时间测算比距离简单,可以消除由于要用特定速度跑够特定距离带来的跑步压力。第一天您可以用秒表记录总时间为 30 分钟的步行训练情况。

跑步和步行每周进行 3~4 次,在每周训练日中至少有 1 天的休息,在放松日,可以步行一小段距离或通过其他交叉训练替代,如骑自行车。持续 10 周,逐渐增加跑步的时间,步行时间逐渐减少。

初始训练方案中所进行的跑步训练都应该使您感觉舒服，在进展到更高级阶段的跑步训练前,应该感觉整周的训练都很容易完成。训练计划方案按周安排,但要根据自身身体状况,以自己的身体反应来定。如果觉得太容易,可以跳过一周或几周的训练计划,如果觉得有难度,也可以重复训练一周,甚至退回至原来的进度。

只要您觉得跑步 30 分钟已经很稳定,就可以进入到体能训练计划方案或短跑竞赛训练方案。在这些更高级别的训练计划中,您需要在每周中增加额外的训练天数,有时还需要跑半个多小时。

“跑步！想不出还能有什么活动比跑步更愉快、更令人振奋、更健康的了。在跑步过程中，大脑随着前进的步伐而飞翔，难以用语言描述跑步中有节奏的步伐和摆臂，是如何挑动大脑，使之充满活力。”

——乔伊斯·卡罗尔·欧斯

初始跑步训练方案：第一周

日期	总时间	跑-走交替	跑步时间
星期日	30min	步行25min，跑步5min	5min
星期一	交叉训练或休息		
星期二	30min	步行25min，跑步5min	5min
星期三	其他训练或休息		
星期四	30min	步行25min，跑步5min	5min
星期五	其他训练或休息		
星期六	30min	步行25min，跑步5min	5min

初始跑步训练方案:第二周

日期	总时间	跑走交替	跑步时间
星期日	其他训练或休息		
星期一	30min	步行 10min,跑步 5min 步行 10min,跑步 5min	10min
星期二	其他训练或休息		
星期三	30min	步行 10min,跑步 5min 步行 10min,跑步 5min	10min
星期四	其他训练或休息		
星期五	30min	步行 10min,跑步 5min 步行 10min,跑步 5min	10min
星期六	其他训练或休息		

最终的胜利者不是首先完成本周训练或本赛季训练的年轻运动员,而是那些较早学会永不放弃的运动员。

——斯基普·格兰特

新陈代谢包括两个部分：合成代谢和分解代谢，合成代谢合成复杂的分子，分解代谢将这些分子降解。

初始跑步训练方案：第三周

日期	总时间	跑走交替	跑步时间
星期日	30min	步行 20min，跑步 10min	10min
星期一	其他训练或休息		
星期二	30min	步行 20min，跑步 10min	10min
星期三	其他训练或休息		
星期四	30min	步行 20min，跑步 10min	10min
星期五	其他训练或休息		
星期六	30min	步行 20min，跑步 10min	10min

初始跑步训练方案:第四周

日期	总时间	跑走交替	跑步时间
星期日	其他训练或休息		
星期一	30min	步行 10min,跑步 5min 步行 5min,跑步 10min	15min
星期二	其他训练或休息		
星期三	30min	步行 10min,跑步 5min 步行 5min,跑步 10min	15min
星期四	其他训练或休息		
星期五	30min	步行 10min,跑步 5min 步行 5min,跑步 10min	15min
星期六	其他训练或休息		

每个细胞都有线粒体,它们是有氧能量产生中心,进行有氧训练可以增加线粒体数量。

为了能够坚持锻炼，尽量每天在同一时间进行训练。同样将跑步用的衣服整理好放在运动包里置于家里同一位置，方便早上使用，这样可以防止因装备不全而错过运动。

初始跑步训练方案：第五周

日期	总时间	跑走交替	跑步时间
星期日	30min	步行 15min，跑步 15min	15min
星期一	其他训练或休息		
星期二	30min	步行 15min，跑步 15min	15min
星期三	其他训练或休息		
星期四	30min	步行 15min，跑步 15min	15min
星期五	其他训练或休息		
星期六	30min	步行 15min，跑步 15min	15min

初始跑步训练方案:第六周

日期	总时间	跑走交替	跑步时间
星期日	其他训练或休息		
星期一	30min	步行 5min,跑步 5min 步行 5min,跑步 15min	20min
星期二	其他训练或休息		
星期三	30min	步行 5min,跑步 5min 步行 5min,跑步 15min	20min
星期四	其他训练或休息		
星期五	30min	步行 5min,跑步 5min 步行 5min,跑步 15min	20min
星期六	其他训练或休息		

在寒冷的天气，出门运动时可以多穿一些衣服或随身携带。随着运动的进行，身体变得逐渐热起来，您肯定会适当减少衣服——但如果您没有随身携带衣服，就没有衣服可穿了。

当您发现一双特别适合自己的跑步鞋时,可以多买一双。如果一双鞋不适合使用或不喜欢，立即换掉。制鞋公司总是变化跑步鞋的样式和结构,细小的改变都可能使您找到适合自己的第一双跑步鞋。

初始跑步训练方案:第七周

日期	总时间	跑走交替	跑步时间
星期日	30min	步行 10min,跑步 20min	20min
星期一	其他训练或休息		
星期二	30min	步行 10min,跑步 20min	20min
星期三	其他训练或休息		
星期四	30min	步行 10min,跑步 20min	20min
星期五	其他训练或休息		
星期六	30min	步行 10min,跑步 20min	20min

初始跑步训练方案:第八周

日期	总时间	跑走交替	跑步时间
星期日	其他训练或休息		
星期一	30min	跑步 5min,步行 5min,跑步 20min	25min
星期二	其他训练或休息		
星期三	30min	跑步 5min,步行 5min,跑步 20min	25min
星期四	其他训练或休息		
星期五	30min	跑步 5min,步行 5min,跑步 20min	25min
星期六	其他训练或休息		

"坚持训练的唯一原则就是自律。"

——巴姆·菲利普斯*

*编者注:Bum Phillips,美国著名足球教练员。

记录跑步日志是非常重要的工具，您可以通过日记进行回顾，那些使运动能力提高的训练方法，重复去做。而那些有负面影响的训练方法，则放弃它。

初始跑步训练方案：第九周

日期	总时间	跑走交替	跑步时间
星期日	30min	步行 5min，跑步 25min	25min
星期一	其他训练或休息		
星期二	30min	步行 5min，跑步 25min	25min
星期三	其他训练或休息		
星期四	30min	步行 5min，跑步 25min	25min
星期五	其他训练或休息		
星期六	30min	步行 5min，跑步 25min	25min

初始跑步训练方案：第十周

日期	总时间	跑走交替	跑步时间
星期日	其他训练或休息		
星期一	30min	跑步 30min	30min
星期二	其他训练或休息		
星期三	30min	跑步 30min	30min
星期四	其他训练或休息		
星期五	30min	跑步 30min	30min
星期六	其他训练或休息		

我经常带着我的狗狗Misty一起跑步。我在跑圈的时候，它会躺在中间并看着我，也许狗狗想知道我为什么要在同一个地方耗费这么多精力，有时我也同样在思考这个问题。

13

健身训练方案

跑步训练不是为了比赛竞技，而仅仅是为了健身，真是受人敬仰的完美追求。想通过跑步，您想要改善有氧体能、控制体重、减轻压力，或其他类似的健体要求。如果您已经完全被跑步运动所吸引，准备晋级，可以通过5千米跑步测试来检验您现有能力。

健身训练方案大约持续13周，或一年中的三个月，或一个季度。根据自己的时间安排，您可每周跑步训练3~4天，用优先级顺序1代表它是最重要的，或用7代表最不重要的。当您跑步训练少于7天时，从优先级(7)开始训练计划。根据第7章的表格选择适合您的时间和速度，将这些信息加入至您每周的训练计划中去。

对于跑步速度有一些建议。在一些特殊的日子根据自己的感受选择适当的速度。不必要总以最快的速度去跑步，坚持持久的运动比总是检测自己的跑速更重要。

变奏跑或往返跑计划可以从第四周开始，以5~6分钟跑步和4×50米大步走作为热身运动，整理运动可以进行3~5分钟慢跑(参考第9章关于热身运动和整理运动的信息)。

“如果您觉得自己没有跑步的天赋，您不但否定了历史，您还否定了身为人本身。”

——克里斯托弗·麦克多加

健身训练方案：第一周

日期	计划（优先级）	持续时间	速度	最大摄氧量百分比（%）
星期日	长距离（1）	最大时间	中速	60~70
星期一	恢复（5）	1/2 最大时间	容易	50~60
星期二	恢复（4）	1/2 最大时间	容易	50~60
星期三	稳定跑或加速和慢跑交替（2）	2/3 最大时间	SWS	75~85
星期四	恢复（7）	1/2 最大时间	容易	50~60
星期五	稳定跑或加速和慢跑交替（3）	2/3 最大时间	SWS	75~85
星期六	恢复（6）	1/2 最大时间	容易	50~60

健身训练方案:第二周				
日期	计划(优先级)	持续时间	速度	最大摄氧量百分比(%)
星期日	长距离(1)	最大时间+1min	中速	60~70
星期一	恢复(5)	1/2 最大时间	容易	50~60
星期二	恢复(4)	1/2 最大时间	容易	50~60
星期三	稳定跑或加速和慢跑交替(2)	2/3 最大时间+1min	SWS	75~85
星期四	恢复(7)	1/2 最大时间	容易	50~60
星期五	稳定跑或加速和慢跑交替(3)	2/3 最大时间	SWS	75~85
星期六	恢复(6)	1/2 最大时间	容易	50~60

"在跑步中,您是第一、中间,还是最后都没关系,您能说'我跑完了全程',这相当具有成就感。"

——弗莱德·林波

“训练自己，而不要损伤自己。”

——阿瑟·拉亚德*

*编者注：Arthur Lydiard，新西兰著名跑步运动员和教练。

健身训练方案：第三周

日期	计划(优先级)	持续时间	速度	最大摄氧量百分比(%)
星期日	长距离(1)	最大时间+2min	中速	60~70
星期一	恢复(5)	1/2 最大时间	容易	50~60
星期二	恢复(4)	1/2 最大时间	容易	50~60
星期三	稳定跑或加速和慢跑交替(2)	2/3 最大时间+2min	SWS	75~85
星期四	恢复(7)	1/2 最大时间	容易	50~60
星期五	稳定跑或加速和慢跑交替(3)	2/3 最大时间	SWS	75~85
星期六	恢复(6)	1/4–1/2 最大时间	容易	50~60

健身训练方案:第四周

日期	计划(优先级)	持续时间	速度	最大摄氧量百分比(%)
星期日	稳定跑或加速和慢跑交替(1)	1/2 最大时间	SWS 或大强度	85~95
星期一	恢复(5)	1/2 最大时间	容易	50~60
星期二	恢复(3)	1/2 最大时间	容易	50~60
星期三	恢复(7)	1/2 最大时间分钟	容易	50~60
星期四	稳定跑或加速和慢跑交替	2/3 最大时间 +3min	SWS	75~85
星期五	恢复(6)	1/2 最大时间	容易	50~60
星期六	恢复(4)	1/2 最大时间	容易	50~60

“鼓励孩子们享受跑步的乐趣，并参与田径运动，不要强迫他们参加太多竞赛。”

——阿瑟·拉亚德

您不可能进行 20 分钟的全力跑，不然肌肉将会像烤熟了的鸡蛋，产生酸疼。

健身训练方案：第五周

日期	计划（优先级）	持续时间	速度	最大摄氧量百分比（%）
星期日	长距离（1）	最大时间+3min	中速	60~70
星期一	恢复（5）	1/2 最大时间	容易	50~60
星期二	恢复（4）	1/2 最大时间	容易	50~60
星期三	稳定跑或加速和慢跑交替（2）	2/3 最大时间+4min	SWS	75~85
星期四	恢复（7）	1/2 最大时间	容易	50~60
星期五	稳定跑或加速和慢跑交替（3）	2/3 最大时间	SWS	75~85
星期六	恢复（6）	1/2 最大时间	容易	50~60

健身训练方案:第六周

日期	计划(优先级)	持续时间	速度	最大摄氧量百分比(%)
星期日	长距离(1)	最大时间+4min	中速	60~70
星期一	恢复(5)	1/2 最大时间	容易	50~60
星期二	恢复(4)	1/2 最大时间	容易	50~60
星期三	稳定跑或加速和慢跑交替(2)	2/3 最大时间+5min	SWS	75~85
星期四	恢复(7)	1/2 最大时间	容易	50~60
星期五	稳定跑或加速和慢跑交替(3)	2/3 最大时间	SWS	75~85
星期六	恢复(6)	1/2 最大时间	容易	50~60

大多数情况下,我们会非常在意卡路里,其实这仅仅是整个训练中很小的一部分。我们需要关注的是增加能量来源的那些因素:休息、膳食以及运动。

喉咙和上呼吸道的鞭毛将细菌带出肺部，纤毛喜欢温暖的环境，运动可以增加局部血液流通，因此在寒冷的天气带一个围巾，保持上呼吸道温暖很重要。

健身训练方案：第七周

日期	计划(优先级)	持续时间	速度	最大摄氧量百分比(%)
星期日	长距离(1)	最大时间+5min	中速	60~70
星期一	恢复(5)	1/2 最大时间	容易	50~60
星期二	恢复(4)	1/2 最大时间	容易	50~60
星期三	稳定跑或加速和慢跑交替(2)	2/3 最大时间+6min	SWS	75~85
星期四	恢复(7)	1/2 最大时间	容易	50~60
星期五	稳定跑或加速和慢跑交替(3)	2/3 最大时间	SWS	75~85
星期六	恢复(6)	1/4~1/2 最大时间	容易	50~60

健身训练方案：第八周				
日期	计划（优先级）	持续时间	速度	最大摄氧量百分比（%）
星期日	稳定跑或加速和慢跑交替（1）	1/2 最大时间	SWS 或大强度	85~95
星期一	恢复（5）	1/2 最大时间	容易	50~60
星期二	恢复（3）	1/2 最大时间	容易	50~60
星期三	恢复（7）	1/2 最大时间	容易	50~60
星期四	稳定跑或加速和慢跑交替	2/3 最大时间+6min	SWS	75~85
星期五	恢复（6）	1/2 最大时间	容易	50~60
星期六	恢复（4）	1/4~1/2 最大时间	容易	50~60

不要抱怨天气，在坏天气可以做一些其他的运动，一些跑步者常常抱怨刮风的天气，我们要成为适应天气者，无论大自然带给我们什么都要欣然接受，这样于我们更有利。

当您跑步的时候，要时刻记住几个关键词，它们能够帮您改善跑步形态，下面是一些建议：

- 手指：放松，稍微弯曲
- 肩：与地面平行并放松，不要耸肩
- 身体：保持直立
- 腹式呼吸：吸气时腹部鼓出，呼气时腹部收回

健身训练方案：第九周

日期	计划（优先级）	持续时间	速度	最大摄氧量百分比（%）
星期日	长距离（1）	最大时间+6min	中速	60~70
星期一	恢复（5）	1/2 最大时间	容易	50~60
星期二	恢复（4）	1/2 最大时间	容易	50~60
星期三	稳定跑或加速和慢跑交替（2）	2/3 最大时间+6min	SWS	75~85
星期四	恢复（7）	1/2 最大时间	容易	50~60
星期五	稳定跑或加速和慢跑交替（3）	2/3 最大时间	SWS	75~85
星期六	恢复（6）	1/2 最大时间	容易	50~60

健身训练方案：第十周

日期	计划(优先级)	持续时间	速度	最大摄氧量百分比(%)
星期日	长距离(1)	最大时间+7min	中速	60~70
星期一	恢复(5)	1/2 最大时间	容易	50~60
星期二	恢复(4)	1/2 最大时间	容易	50~60
星期三	稳定跑或加速和慢跑交替(2)	2/3 最大时间+6min	SWS	75~85
星期四	恢复(7)	1/2 最大时间	容易	50~60
星期五	稳定跑或加速和慢跑交替(3)	2/3 最大时间	SWS	75~85
星期六	恢复(6)	1/2 最大时间	容易	50~60

某高中运动员设定了一个目标：在州级锦标赛上取得 800 米冠军。教练还要求她跑 1500 米。她经过两天紧张训练后，完成了 1500 米并赢得第二名，但是小腿出现明显的疼痛，或许是胫骨骨裂。而她的目标仍然是 800 米的冠军，她在小腿打上绷带去参加专业赛跑，跟在第一名身后直到最后 100 米，并在最后 5 米超越了第一名，她达到了她的比赛目标，而且一整年中都是冠军。

尽管用同样的速度跑步，有些跑步者就是比其他人成绩更差一些，可以想象您自己与状态好时一样也是有帮助的，即使您没有达到状态好时的跑步速度。

健身训练方案：第十一周

日期	计划(优先级)	持续时间	速度	最大摄氧量百分比(%)
星期日	长距离(1)	最大时间+8min	中速	60~70
星期一	恢复(5)	1/2 最大时间	容易	50~60
星期二	恢复(4)	1/2 最大时间	容易	50~60
星期三	稳定跑或加速和慢跑交替(2)	2/3 最大时间+6min	SWS	75~85
星期四	恢复(7)	1/2 最大时间	容易	50~60
星期五	稳定跑或加速和慢跑交替(3)	2/3 最大时间	SWS	75~85
星期六	恢复(6)	1/2 最大时间	容易	50~60

健身训练方案:第十二周

日期	计划(优先级)	持续时间	速度	最大摄氧量百分比(%)
星期日	稳定跑或加速和慢跑交替(1)	1/2 最大时间	SWS 或大强度	85~95
星期一	恢复(5)	1/2 最大时间	容易	50~60
星期二	恢复(3)	1/2 最大时间	容易	50~60
星期三	恢复(7)	1/2 最大时间 min	容易	50~60
星期四	稳定跑或加速和慢跑交替	2/3 最大时间+6min	SWS	75~85
星期五	恢复(6)	1/2 最大时间	容易	50~60
星期六	恢复(4)	1/4~1/2 最大时间	容易	50~60

我曾经认识一位跑步者,她总是一到赛前就非常沮丧,想离开赛道,退出比赛。她和她的教练通过逐步努力消除她的紧张。她的赛前热身包括六步,她和她的教练达成了共识,在每一步进行后停顿一下,再决定是否进行下一步。分别面对每一步,而且知道自己有权要求停止使她的压力消解,使她最终能够站在起跑线前。只要比赛一开始,她总是跑得很好。

当我和玛丽·斯兰妮一起飞去赫尔辛基参加1983年世界锦标赛时她非常紧张,她说她大脑里一直想着比赛,我要求她每天专心想着备比赛两次, 每次10分钟即可, 其他时间就放下,比如去看电视、洗衣服和步行。我告诉她,如果想到比赛就紧张时间长于10分钟, 她将耗尽她的肾上腺素。她很好地接受了我的建议,保持平静,相反其他运动员看上去更紧张。

健身训练方案:第十三周

日期	计划(优先级)	持续时间	速度	最大摄氧量百分比(%)
星期日	稳定跑或加速和慢跑交替(2)	1/2 最大时间+7min	SWS	75~85
星期一	恢复(4)	1/4 最大时间	容易	50~60
星期二	恢复(7)	1/4 最大时间	容易	50~60
星期三	稳定跑或加速和慢跑交替(3)	2/3 最大时间+7min	SWS	75~85
星期四	恢复(7)	1/4 最大时间分钟	容易	50~60
星期五	恢复(6)	1/4 最大时间	容易	50~60
星期六	最大距离(1)	最大时间+10min	中等	60~70

14 短跑比赛训练方案

短跑只是一个相对的词。对于每天半小时左右跑步的人来说，30~60 分钟的比赛听起来不算短。或当您跑步超过 1 英里或 1600 米，这个距离觉得就不算短了。

我们这里说的短跑比赛是相对于其他公路赛而言，诸如 1600 米(1 英里)场地赛、5~10 千米场地赛、公路赛或越野赛等长跑运动员参加的最短程比赛，5000 米和 10 千米是最常见的公路赛距离。

当从不跑步的人听说您是跑步者，一般第一个问题都会问，“您跑 1 千米有多快？”好多国家都是用米制系统作为距离的测量单位。1500 米和 1600 米，是最普遍的场地赛距离。

5000 米对于不同的选手有着不同意义，场地赛一般叫 5000 米，在高中 5000米一般作为越野赛。这个距离的比赛往往吸引大量的选手，5000 米一般是许多新运动员比赛的入门距离，也是有经验的运动员达到最快速度的比赛距离。

从 20 世纪七八十年代开始，美国和欧洲公路赛开始兴起，1 万米比赛开始快速增长，公路赛取代了场地赛，这个距离的经典赛事如在美国乔治亚洲亚特兰大的 Peachtree 举办的赛跑，开始有 4000 人参与，现在参与者达到 6 万人；科罗拉多州的 Bolder Boulder，起先有 2000 名运动员参加，现在有 5 万名参与者；旧金山加利福利亚海湾稍长的 12 千米跑步比赛，吸引了 11 万名参赛者；在华盛顿斯波坎，布鲁姆日(Bloomsday 布鲁姆日，为纪念 20 世纪爱尔兰小说家詹姆斯·乔伊斯巨著《尤利西斯》而产生，6 月 16 日是其主人公奥波德·布鲁姆在爱尔兰街头游荡的日子。——编者注)纪念比赛有 5 万人参赛，并且越来越盛行。

本短跑训练方案时长约 13 周，或三个月或一季度，方案的优先级用 1 表示最重要，7 为最不重要。当您跑步少于 7 天时，就从最大的数字(7)开始训练，逐级降低数字级别。根据第 7 章的表格选择一个适合自己跑步的时长和速度，设计方案。将这些信息加入到你的每周训练训练计划中去。

对于跑步速度有一些建议。在一些特殊的日子根据自己的感受选择适当的速度。不要总以最快的速度去跑步，坚持持久的训练比总是检测自己的跑速更重要。

变奏跑或往返跑计划可以从第四周开始，以 5~6 分钟跑步和 4×50 米大步走作为热身运动，整理运动可以进行 3~5 分钟慢跑。（参考第 9 章关于热身运动和整理运动的信息）。

所有的重复性训练（大踏步走、间歇跑、速度跑、赛前准备等）都遵循快速跑与慢跑的距离相等（如 4×400m 伴随着 400m 恢复跑和步行交替）的原则，您如果选择了新的间歇训练，间歇期应以慢于普通间歇跑而快于慢跑的速度进行。

当设定跑步训练目标是速度时，选择的速度应该是您的最大摄氧量再加 2。例如现在最大摄氧量为 50，那么目标速度应该是最大摄氧量为 52。

短跑比赛训练方案:第一周

日期	计划(优先级)	持续时间	速度	最大摄氧量百分比(%)
星期日	长距离跑(1)	最大时间	中速	60~70
星期一	恢复(5)	1/2 最大时间	容易	50~60
星期二	速度跑(4)	5×100m	大强度	90~100
星期三	稳定跑或加速和慢跑交替跑(2)	2/3 最大时间	SWS	75~85
星期四	恢复(7)	1/2 最大时间	容易	50~60
星期五	稳定跑或加速和慢跑交替(3)	2/3 最大时间	SWS	75~85
星期六	恢复(6)	1/2 最大时间	容易	50~60

每一个跑步者都知道,跑步可不仅仅是两只脚的交替运动,它是我们的生活方式,也是我们自己。

——琼·萨默尔逊

"取胜与比赛无关，大多数时间也没有比赛。取胜是抗争、努力和乐观，永不放弃。"

——艾米·伯福特

短跑比赛训练方案：第二周

日期	计划（优先级）	持续时间	速度	最大摄氧量百分比（%）
星期日	长距离跑（1）	最大时间+2~4min	中速	60~70
星期一	恢复（5）	1/2 最大时间	容易	50~60
星期二	速度跑（4）	7~8×100m	大强度	90~100
星期三	稳定跑或加速和慢跑交替跑（2）	2/3 最大时间+1~2min	SWS	75~85
星期四	恢复（7）	1/2 最大时间	容易	50~60
星期五	稳定跑或加速和慢跑交替跑（3）	2/3 最大时间	SWS	75~85
星期六	恢复（6）	1/2 最大时间	容易	50~60

短跑比赛训练方案:第三周

日期	计划(优先级)	持续时间	速度	最大摄氧量百分比(%)
星期日	长距离跑(1)	最大时间+4min	中速	60~70
星期一	恢复(5)	1/2 最大时间	容易	50~60
星期二	速度跑(4)	4~6×200m	大强度	90~100
星期三	稳定跑或加速和慢跑交替跑(2)	2/3 最大时间+2~3min	SWS	75~85
星期四	恢复(7)	1/2 最大时间	容易	50~60
星期五	稳定跑或加速和慢跑交替跑(3)	2/3 最大时间	SWS	75~85
星期六	恢复(6)	1/4~1/2 最大时间	容易	50~60

可视化是有效的方法,图像刺激神经元,如同运动刺激神经元一样。每个人大脑里都有一个独一无二的励志影像,您可以重复观看它,也可以创造一个新的影像。在比赛前两三天重温这些影像,但一天做2次即可,每次也不要超过10分钟。

监测身体状况和体能水平有助于确定您在一些特殊日子的训练强度，如果觉得自己还没有从上次运动恢复过来，可以安排一次小强度训练，或休息一天。

短跑比赛训练方案：第四周

日期	计划(优先级)	持续时间	速度	最大摄氧量百分比(%)
星期日	速度跑或往返跑(1)	1/2 最大时间	SWS-大强度	85~95
星期一	恢复(5)	1/2 最大时间	容易	50~60
星期二	间歇或新间歇训练(3)	3~5×300m	大强度	90~100
星期三	恢复(7)	1/2 最大时间	容易	50~60
星期四	稳定跑或加速和慢跑交替跑步(2)	2/3 最大时间	SWS	75~85
星期五	恢复(6)	1/2 最大时间	容易	50~60
星期六	速度跑(4)	7~10×100m	大强度	90~100

短跑比赛训练方案：第五周

日期	计划(优先级)	持续时间	速度	最大摄氧量百分比(%)
星期日	长距离跑(1)	最大时间+6~8min	中速	60~70
星期一	恢复(5)	1/2 最大时间	容易	50~60
星期二	速度跑(4)	8~10×100m	大强度	90~100
星期三	稳定跑或加速和慢跑交替跑(2)	2/3 最大时间+3~5min	SWS	75~85
星期四	恢复(7)	1/2 最大时间	容易	50~60
星期五	稳定跑或加速和慢跑交替跑(3)	2/3 最大时间	SWS	75~85
星期六	恢复(6)	1/2 最大时间	容易	50~60

"'训练越艰苦、收获越多'这样的观念绝对是垃圾，只有用智慧去训练的人才能真正取得最大进步。"

——比尔·保尔曼

哈伯·艾略特的教练是玻西·塞鲁特，后者曾获得1960年罗马奥运会1500米的冠军。比赛的前一天，教练让哈伯适应场地跑1500米，他说："哈伯，您可以跑得更快但不可以跑得更累。"这是许多好教练要求运动员的做法。

短跑比赛训练方案：第六周

日期	计划(优先级)	持续时间	速度	最大摄氧量百分比(%)
星期日	长距离跑(1)	最大时间+8min	中速	60~70
星期一	恢复(5)	1/2 最大时间	容易	50~60
星期二	速度跑(4)	10×100m	大强度	90~100
星期三	稳定跑或加速和慢跑交替跑(2)	2/3 最大时间+4~6min	SWS	75~85
星期四	恢复(7)	1/2 最大时间	容易	50~60
星期五	稳定跑或加速和慢跑交替跑(3)	2/3 最大时间	SWS	75~85
星期六	恢复(6)	1/2 最大时间	容易	50~60

短跑比赛训练方案:第七周

日期	计划(优先级)	持续时间	速度	最大摄氧量百分比(%)
星期日	长距离跑(1)	最大时间+10~12min	中速	60~70
星期一	恢复(5)	1/2 最大时间	容易	50~60
星期二	速度(4)	6~10×200m	大强度	90~100
星期三	稳定跑或加速和慢跑交替跑(2)	2/3 最大时间+4~6min	SWS	75~85
星期四	恢复(7)	1/2 最大时间	容易	50~60
星期五	稳定跑或加速和慢跑交替跑(3)	2/3 最大时间	SWS	75~85
星期六	恢复(6)	1/4~1/2 最大时间	容易	50~60

当我带着我带的运动员去看比尔·保尔曼时,他总是用手指着他们用严厉的话问道,“跑步有趣吗?如果没有,就不要去跑!”

努力奋斗,或临场逃逸都是身体对挑战威胁的反应,这些反应很可能是在大强度训练阶段或是目标比赛时出现。它们可以激发您体内的潜能适应挑战,有时会奋起直追,也有时候会选择逃避。如今,我们身边的压力来源太多,请记住把这些应激反应留到必要的时候。

短跑比赛训练方案:第八周

日期	计划(优先级)	持续时间	速度	最大摄氧量百分比(%)
星期日	速度跑或往返跑(1)	1/2 最大时间	SWS-大强度	85~95
星期一	恢复(5)	1/2 最大时间	容易	50~60
星期二	间歇或新间歇训练跑(3)	5~7×300m	大强度	90~100
星期三	恢复(7)	1/2 最大时间	容易	50~60
星期四	稳定跑或加速和慢跑交替跑(2)	2/3 最大时间+4~6min	SWS	75~85
星期五	恢复(6)	1/2 最大时间	容易	50~60
星期六	速度(4)	10×100m	大强度	90~100

短跑比赛训练方案:第九周

日期	计划(优先级)	持续时间	速度	最大摄氧量百分比(%)
星期日	长距离跑(1)	最大时间+11~14min	中速	60~70
星期一	恢复(5)	1/2 最大时间	容易	50~60
星期二	间歇或新间歇训练跑(2)	4~6×400m	大强度	90~100
星期三	恢复(7)	1/2 最大时间	容易	50~60
星期四	间歇或新间歇训练跑(3)	8~10×200m	大强度	90~100
星期五	恢复(6)	1/2 最大时间	容易	50~60
星期六	速度(4)	10~12×100m	大强度	90~100

如果您恢复指标出现异常,意味着身体和情绪还没有从最近的训练中恢复过来,您可能有一个艰苦的训练计划,那么您该如何安排这个训练计划?

记住，大量出汗或在下雨天要换上干衣服，这样有利于预防感冒、感染，也会让您感觉更好。

短跑比赛训练方案：第十周

日期	计划(优先级)	持续时间	速度	最大摄氧量百分比(%)
星期日	速度跑或往返跑(1)	1/2 最大时间	SWS-大强度	85~95
星期一	恢复(5)	1/2 最大时间	容易	50~60
星期二	间歇或新间歇训练跑(3)	5~8×400m	大强度	90~100
星期三	恢复(7)	1/2 最大时间	容易	50~60
星期四	稳定跑或加速和慢跑交替跑(2)	2/3 最大时间+5~7min	SWS	75~85
星期五	恢复(6)	1/2 最大时间	容易	50~60
星期六	速度(4)	10~12×100m	大强度	90~100

短跑比赛训练方案:第十一周				
日期	计划(优先级)	持续时间	速度	最大摄氧量百分比(%)
星期日	比赛准备(2)	3×1mi*	目标速度	90
星期一	恢复(5)	1/2 最大时间	容易	50~60
星期二	比赛准备(3)	6×800m*	目标速度	90
星期三	恢复(6)	1/2 最大时间	容易	50~60
星期四	间歇或新间歇训练跑(1)	5~8×200m	大强度	90~100
星期五	恢复(7)	1/2 最大时间	容易	50~60
星期六	恢复(4)	1/2 最大时间	容易	50~60

* 如果比赛=1 英里或 1600 米,那么距离=800 或 400 米

在进行热身运动之前,先让大脑放松,欣赏一下周围环境。当开始热身运动时,集中注意力,让您更好地站在起跑线前,此时,比赛是大脑中唯一想着的事。

尽力保持训练前和比赛前的热身运动保持一致，有助于使您比赛时感到舒适，因为会有一种认同感。

短跑比赛训练方案：第十二周

日期	计划(优先级)	持续时间	速度	最大摄氧量百分比(%)
星期日	长距离(1)	1/2 最大时间+12min	中速	60~70
星期一	恢复(5)	1/2 最大时间	容易	50~60
星期二	比赛准备	3~4×1mi*	目标速度	90
星期三	恢复(6)	1/2 最大时间	容易	50~60
星期四	间歇或新间歇训练(2)	6×400m	大强度	90~100
星期五	恢复(7)	1/2 最大时间	容易	50~60
星期六	恢复(4)	1/2 最大时间	容易	50~60

* 如果比赛=1 英里或 1500 米，那么距离=800 米

短跑比赛训练方案:第十三周

日期	计划(优先级)	持续时间	速度	最大摄氧量百分比(%)
星期日	稳定跑或加速和慢跑交替跑(2)	2/3 最大时间+5min	SWS	75~85
星期一	恢复(4)	1/4 最大时间	容易	50~60
星期二	恢复(7)	1/4 最大时间	容易	50~60
星期三	速度(4)	8×100m	大强度	90~100
星期四	恢复(5)	1/4 最大时间	容易	50~60
星期五	恢复(6)	1/2 最大时间	容易	50~60
星期六	比赛(1)	比赛	目标速度	100

将比赛全程分为 6 个相等的部分。按照目标速度开始,起初的 4 个部分您会很容易并且不会觉得疲劳。最艰难的是第 5 部分,这时您已经完成了 66%,还有 33%没有完成的阶段,这一段的关键是如何仍保持目标跑速;当进入第 6 部分时,身体和精神都已经高度激发出能量,最后一阶段保持这个目标速度就很容易完成全程。

15 半程马拉松训练方案

除了它的名字，半程马拉松跑步各方面都很完美。这是真实的比赛，不是生存测试(而马拉松是可以的)，并且半马训练也不全像有了第二职业(马拉松准备训练有时真的像)。半程这个名称不好，不是马拉松的一半，而是有其自身需求和收获的独特的比赛项目。

本训练方案可使你为 15~25 千米比赛做好准备，方案时长 18 周或 4 个多月。如果是非专业运动员，每周训练 4~5 天，专业的运动员每周训练 5~7 天。方案的优先级用 1 表示最重要，7 为最不重要。当您跑步不足 7 天时，就从最大的数字(7)开始训练，逐渐降低数字级别。根据第 7 章的表格选择适合自己的跑步时长和速度。将这些信息加入到你的每周训练计划中。

对于跑步速度有一些建议。在一些特殊的日子根据自己的感受选择适当的速度。没有必要以最快的速度去跑步，坚持持久的运动比总是检测自己的跑速更重要。

变奏跑或往返跑计划可以从第四周开始，以 5~6 分钟跑步和 4×50 米大步走作为热身运动，整理运动可以进行 3~5 分钟慢跑(参考第 9 章关于热身运动和整理运动的信息)。

某些周里，您要选择往返跑或速度跑，如果选择往返跑，要用和以前同样的距离和强度进行。速度跑方案可以选择大强度 40 分钟跑或 5~10 千米兴趣跑。请记住在这个方案中长距离跑的最大时间为 120 分钟，只要达到这个目标，就不要再增加。

所有的重复性训练(大踏步走、间歇跑、速度跑、赛前准备)都遵循快速跑与慢跑的距离相等(如 4×400 米伴随着 400 米恢复跑和步行交替)的原则，您如果选择了新的间歇训练，间歇期应以慢于普通间歇跑而快于慢跑的速度进行。

当设定跑步训练目标是速度时，选择的速度应该是您的最大摄氧量再加 2。例如现在最大摄氧量为 50，您的目标速度应该是最大摄氧量为 52。

有时您可能会在想，“我在这是干什么呢？”这些年来，我可以给出一千个坚持跑步的理由，我更经常回想起刚开始跑步的时候，一种自我满足感和成就感油然而生。

——史蒂夫·普利弗坦

半程马拉松训练方案：第一周

日期	计划（优先级）	持续时间	速度	最大摄氧量百分比（%）
星期日	恢复（4）	1/2 最大时间	容易	50~60
星期一	稳定跑或加速和慢跑交替跑（1）	2/3 最大时间	SWS	75~85
星期二	恢复（5）	1/2 最大时间	容易	50~60
星期三	稳定跑或加速和慢跑交替跑（2）	2/3 最大时间	SWS	75~85
星期四	恢复（6）	1/2 最大时间	容易	50~60
星期五	稳定跑或加速和慢跑交替跑（3）	2/3 最大时间	SWS	75~85
星期六	恢复（7）	1/2 最大时间	容易	50~60

半程马拉松训练方案:第二周

日期	计划(优先级)	持续时间	速度	最大摄氧量百分比(%)
星期日	长距离跑(1)	最大时间	中速	60~70
星期一	恢复(4)	1/2 最大时间	容易	50~60
星期二	恢复(6)	1/2 最大时间	容易	50~60
星期三	比赛准备性跑(3)	3×1mi	目标速度	90
星期四	恢复(5)	1/2 最大时间	容易	50~60
星期五	稳定跑或加速和慢跑交替跑(2)	2/3 最大时间+1min	SWS	75~85
星期六	速度(7)	5×100m	大强度	90~100

随着付出精力的逐渐积累,你会感到难度越来越小,在通往目标的路上困难一一被克服,而挫折是学习和改进的机会。

为了获得进步，您必须学会掌握技能与控制风险的技巧：掌握技能并同时冒一点风险能使运动表现更上一层楼。

- 贸然涉险只能带来紧张。
- 掌握技能而不冒一点风险会使训练过分无聊。

半程马拉松训练方案：第三周

日期	计划(优先级)	持续时间	速度	最大摄氧量百分比(%)
星期日	长距离跑(1)	最大时间+5min	中速	60~70
星期一	恢复(5)	1/2 最大时间	容易	50~60
星期二	速度(4)	5×100m	大强度	90~100
星期三	稳定跑或加速和慢跑交替跑(3)	2/3 最大时间+2min	SWS	75~85
星期四	恢复(7)	1/2 最大时间	容易	50~60
星期五	恢复(6)	1/2 最大时间	容易	50~60
星期六	稳定跑或加速和慢跑交替跑(2)	1/2 最大时间	SWS	75~85

半程马拉松训练方案：第四周

日期	计划(优先级)	持续时间	速度	最大摄氧量百分比(%)
星期日	恢复(4)	1/2 最大时间+2min	容易	50~60
星期一	稳定跑或加速和慢跑交替跑(1)	2/3 最大时间+3min	SWS	75~85
星期二	恢复(5)	1/2 最大时间+2min	容易	50~60
星期三	稳定跑或加速和慢跑交替跑(2)	2/3 最大时间+3min	SWS	75~85
星期四	恢复(6)	1/2 最大时间+2min	容易	50~60
星期五	稳定跑或加速和慢跑交替跑(3)	2/3 最大时间+3min	SWS	75~85
星期六	恢复(7)	1/2 最大时间+2min	容易	50~60

如果想避免错误，请记住，训练量稍低比过量训练要好。训练量较低，您还能有肾上腺素重新再来。如果训练过量，您会筋疲力尽，并有可能生病或损伤。

速度是跑步比赛的关键，但在半程马拉松比赛中其他方面的因素也需要兼顾。当您训练强度超过 85% $\dot{V}O_2max$ 时，就将产生乳酸，有些乳酸可以通过循环清除，还有些乳酸堆积在细胞中，改变细胞 pH 值，阻碍能量的转换生成，运动员常形容这种状况为“就像背着个大猩猩”。因此须明智地判断何时要以 85%最大摄氧量强度训练，要合理确定训练时间长度。

半程马拉松训练方案：第五周

日期	计划（优先级）	持续时间	速度	最大摄氧量百分比（%）
星期日	长距离跑（1）	最大时间+10min	中速	60~70
星期一	恢复（4）	1/2 最大时间+2min	容易	50~60
星期二	恢复（6）	1/2 最大时间+2min	容易	50~60
星期三	比赛准备性训练（3）	4×1 英里	目标速度	90
星期四	恢复（7）	1/2 最大时间+2min	容易	50~60
星期五	稳定跑或加速和慢跑交替跑（2）	2/3 最大时间+3min	SWS	75~85
星期六	速度（5）	6×100m	大强度	90~110

半程马拉松训练方案:第六周

日期	计划(优先级)	持续时间	速度	最大摄氧量百分比(%)
星期日	长距离跑(1)	最大时间+15min	中速	60~70
星期一	恢复(6)	1/2 最大时间+2min	容易	50~60
星期二	速度跑(4)	6×100m	大强度	90~110
星期三	稳定跑或加速和慢跑交替跑(3)	2/3 最大时间+3min	SWS	75~85
星期四	恢复(7)	1/2 最大时间+2min	容易	50~60
星期五	恢复(5)	1/4 最大时间	容易	50~60
星期六	速度跑或往返跑(2)	1/2 最大时间	SWS-大强度	85~95

了解体内每个细胞的能量来源是非常重要的,下面就是能量的来源:

- 食物
- 葡萄糖
- 柠檬酸循环
- 氧化呼吸链
- 氧化磷酸化
- 三磷酸腺苷
- 氧气
- ATP+H_2O+CO_2

有个首要原则是比赛中每跑1英里，大约需要赛后恢复1天。

——浩·海顿

半程马拉松训练方案：第七周

日期	计划(优先级)	持续时间	速度	最大摄氧量百分比(%)
星期日	恢复(4)	1/2 最大时间+4min	容易	50~60
星期一	稳定跑或加速和慢跑交替跑(1)	2/3 最大时间+6min	SWS	75~85
星期二	恢复(5)	1/2 最大时间+4min	容易	50~60
星期三	稳定跑或加速和慢跑交替跑(2)	2/3 最大时间+6min	SWS	75~85
星期四	恢复(6)	1/2 最大时间+4min	容易	50~60
星期五	稳定跑或加速和慢跑交替跑(3)	2/3 最大时间+6min	SWS	75~85
星期六	恢复(7)	1/2 最大时间+4min	容易	50~60

半程马拉松训练方案:第八周				
日期	计划(优先级)	持续时间	速度	最大摄氧量百分比(%)
星期日	长距离跑(1)	最大时间+20min	中速	60~70
星期一	恢复(4)	1/2 最大时间+4min	容易	50~60
星期二	恢复(6)	1/2 最大时间+4min	容易	50~60
星期三	比赛准备性跑步(3)	5×1mi	目标速度	90
星期四	恢复(5)	1/2 最大时间+4min	容易	50~60
星期五	稳定跑或加速和慢跑交替跑步(2)	2/3 最大时间+6min	SWS	75~85
星期六	速度(7)	6×150m	大强度	90~110

定期提醒自己,比赛和恢复必须使警觉期和适应期间保持平衡,否则身体能源会下降,逐渐进入到力竭期。

记住并忠实于您的目标，尽可能每天做到如下几点：

- 同一时间起床
- 每天吃早饭
- 吃健康的小食
- 吃营养丰富的午饭，然后小憩一会儿
- 在运动前进行营养补充
- 穿上合适的衣服
- 正确的热身
- 按照要求进行训练，或适度减少训练量
- 运动训练后吃少量小食品，以补充能量、液体和电解质
- 吃好晚饭
- 同一时间上床睡觉

半程马拉松训练方案：第九周

日期	计划(优先级)	持续时间	速度	最大摄氧量百分比(%)
星期日	长距离跑(1)	最大时间+25min	中速	60~70
星期一	恢复(6)	1/2 最大时间+4min	容易	50~60
星期二	速度(4)	6×100m	大强度	90~110
星期三	稳定跑或加速和慢跑交替跑(3)	2/3 最大时间+6min	SWS	75~85
星期四	恢复(7)	1/2 最大时间+4min	容易	50~60
星期五	稳定跑或加速和慢跑交替跑(5)	1/4 最大时间	容易	50~60
星期六	速度跑或往返跑(2)	1/2 最大时间	SWS-大强度	85~95

半程马拉松训练方案:第十周				
日期	计划(优先级)	持续时间	速度	最大摄氧量百分比(%)
星期日	恢复(4)	1/2 最大时间+6min	容易	50~60
星期一	稳定跑或加速和慢跑交替跑(1)	2/3 最大时间+8min	SWS	75~85
星期二	恢复(5)	1/2 最大时间+6min	容易	50~60
星期三	稳定跑或加速和慢跑交替跑(2)	2/3 最大时间+8min	SWS	75~85
星期四	恢复(6)	1/2 最大时间+6min	容易	50~60
星期五	稳定跑或加速和慢跑交替跑(3)	2/3 最大时间+8min	SWS	75~85
星期六	恢复(7)	1/2 最大时间+6min	容易	50~60

如果要利用高原训练，请保持海拔 7200 英尺(2900 米)高度，该高度是使红细胞数量增加到最大的最适宜高度。

光着脚跑是非常残酷的，但我喜欢，我尤其喜欢越野跑，可以接触到泥土。

——林·珍宁

半程马拉松训练方案：第十一周

日期	计划(优先级)	持续时间	速度	最大摄氧量百分比(%)
星期日	长距离跑(1)	最大时间+30min	中速	60~70
星期一	恢复(4)	1/2 最大时间+6min	容易	50~60
星期二	恢复(6)	1/2 最大时间+6min	容易	50~60
星期三	比赛准备性跑步(3)	6×1mi	目标速度	90
星期四	恢复(5)	1/2 最大时间+6min	容易	50~60
星期五	稳定跑或加速和慢跑交替跑(2)	2/3 最大时间+6min	SWS	75~85
星期六	速度(7)	6×150m	大强度	90~110

半程马拉松训练方案:第十二周

日期	计划(优先级)	持续时间	速度	最大摄氧量百分比(%)
星期日	长距离跑(1)	最大时间+35min	中速	60~70
星期一	恢复(6)	1/2 最大时间+6min	容易	50~60
星期二	速度(4)	6×100m	大强度	90~110
星期三	稳定跑或加速和慢跑交替跑(3)	2/3 最大时间+8min	SWS	75~85
星期四	恢复(7)	1/2 最大时间+6min	容易	50~60
星期五	恢复(5)	1/4 最大时间	容易	50~60
星期六	稳定跑或加速和慢跑交替跑(2)	1/2 最大时间	SWS	75~85

您不必因受伤而放弃比赛，可以在水中进行训练。我见过几次有的运动员损伤无法进行陆上训练，在水中照样可以继续他的训练计划，最终成功地赢得比赛。

1984 年距离美国奥运会还有 4 周时，一名运动员采用新的方法来加强自己腿部的力量，两周后他受伤了，错过了比赛。在比赛临近时，请不要尝试任何新的训练计划。

半程马拉松训练方案：第十三周

日期	计划（优先级）	持续时间	速度	最大摄氧量百分比（%）
星期日	恢复（4）	1/2 最大时间+8min	容易	50~60
星期一	稳定跑或加速和慢跑交替跑（1）	2/3 最大时间+10min	SWS	75~85
星期二	恢复（5）	1/2 最大时间+8min	容易	50~60
星期三	稳定跑或加速和慢跑交替跑（2）	2/3 最大时间+10min	SWS	75~85
星期四	恢复（6）	1/2 最大时间+8min	容易	50~60
星期五	稳定跑或加速和慢跑交替跑（3）	2/3 最大时间+10min	SWS	75~85
星期六	恢复（7）	1/2 最大时间+8min	容易	50~60

半程马拉松训练方案:第十四周

日期	计划(优先级)	持续时间	速度	最大摄氧量百分比(%)
星期日	长距离跑(1)	最大时间+40min	中速	60~70
星期一	恢复(4)	1/2 最大时间+8min	容易	50~60
星期二	恢复(6)	1/2 最大时间+8min	容易	50~60
星期三	比赛准备性跑步(3)	7×1mi	目标速度	90
星期四	恢复(5)	1/2 最大时间+8min	容易	50~60
星期五	稳定跑或加速和慢跑交替跑(2)	2/3 最大时间+10min	SWS	75~85
星期六	速度(7)	5×200m	大强度	90~110

顺利完成训练计划其实并没有什么了不起,您可能从没有听说过那些美国最伟大运动员的经历,他也许是美国某个项目曾经最优秀的运动员,甚至赢得过世界级大赛冠军,他只关注在训练中赢得对手,当比赛来临时,激情消失了。

我曾经给一个参加世界杯赛的运动员做教练，她成功完成了半决赛，现在要看她是否能冒着风险赢得决赛了。在比赛中她始终领跑，但在最后600米被超过，最终取得第四名。她虽然没有获得冠军，但她学到了很多，她知道自己有能力可以和那些大咖们比肩。赛后，她说："现在让我好好训练最后600米。"在转年的奥运会上她获得了第七名。在正确的时机冒一些风险可以带来显著的进步。

半程马拉松训练方案：第十五周

日期	计划（优先级）	持续时间	速度	最大摄氧量百分比(%)
星期日	长距离跑(1)	最大时间+45min	中速	60~70
星期一	恢复(6)	1/2 最大时间+8min	容易	50~60
星期二	速度(4)	6×100m	大强度	90~110
星期三	稳定跑或加速和慢跑交替跑(3)	2/3 最大时间+10min	SWS	75~85
星期四	恢复(7)	1/2 最大时间+8min	容易	50~60
星期五	恢复(5)	1/4 最大时间	容易	50~60
星期六	稳定跑或加速和慢跑交替跑(2)	1/2 最大时间	SWS	75~85

半程马拉松训练方案:第十六周

日期	计划(优先级)	持续时间	速度	最大摄氧量百分比(%)
星期日	恢复(3)	1/2 最大时间+4min	容易	50~60
星期一	恢复(6)	1/2 最大时间+4min	容易	50~60
星期二	比赛准备性跑步(1)	6×1mi	目标速度	90
星期三	恢复(4)	1/2 最大时间 min	容易	50~60
星期四	比赛准备性跑步(2)	8×800m	目标速度	90
星期五	恢复(5)	1/2 最大时间+4min	容易	50~60
星期六	恢复(7)	1/2 最大时间+4min	容易	50~60

要充分利用比赛,您永远不会知道什么时候机会重现。我认识的一个运动员曾经在跑预赛和半决赛,希望能够晋级奥运会 3000 米决赛。在半决赛中,她在前半程跑得相对轻松,但在最后两圈,她慢下来了,最后仅以一秒之差而与决赛赛场失之交臂。

在世界越野冠军杯比赛中，一位经验丰富的运动员受了伤，这使她意识到会给比赛带来非常大的困难。当看到自己的团队站在起跑线时，她认识到如果她们出发不是最快的，就不可能赢得冠军。当比赛开始时，她将队伍聚集在一起说，“当指令枪发出时，跟着我！”结果，她听到枪响快速跑出，团队紧紧跟上转过第一道弯，最终她们获得了胜利。没有她的经验和团队精神，这一切不会发生。

半程马拉松训练方案：第十七周

日期	计划(优先级)	持续时间	速度	最大摄氧量百分比(%)
星期日	长距离跑(1)	最大时间+30min	中速	60~70
星期一	恢复(4)	1/2 最大时间+8min	容易	50~60
星期二	间歇或新间歇训练跑(2)	12×400m	大强度	90~110
星期三	恢复(5)	1/2 最大时间+4min	容易	50~60
星期四	比赛准备性跑步(3)	5×1mi	目标速度	90
星期五	恢复(5)	1/2 最大时间+4min	容易	50~60
星期六	恢复(7)	1/2 最大时间+4min	容易	50~60

半程马拉松训练方案:第十八周

日期	计划(优先级)	持续时间	速度	最大摄氧量百分比(%)
星期日	稳定跑或加速和慢跑交替跑(2)	2/3 最大时间	SWS	75~85
星期一	恢复(4)	1/2 最大时间+4min	容易	50~60
星期二	恢复(7)	1/2 最大时间+4min	容易	50~60
星期三	速度跑(4)	6×100m	大强度	90~110
星期四	恢复(5)	1/4 最大时间	容易	50~60
星期五	恢复(6)	1/4 最大时间	容易	50~60
星期六	比赛速度跑(1)	半程马拉松	目标速度	100

利用您对设定目标速度的了解,将跑速控制在自己可以驾驭的程度下跑完全程。甚至可以略低于目标跑速。在比赛过程中,你的身体会告诉您何时和怎样调整跑速。

16 马拉松跑步训练方案

跑马拉松非常艰苦。不能一下子站在马拉松跑步的起跑线上，必须提前几个月进行训练。马拉松跑需要几个小时，到达终点也不代表结束，而需要持续数周的恢复。马拉松的艰难是吸引人们参加的一个因素，仅在美国每年大约有50万人完成马拉松跑比赛。

本训练方案使您为30千米或以上的跑步比赛做好准备，时长持续26周或6个月。业余运动员每周训练4~5天，专业运动员每周要训练5~7天。方案的优先级用1表示最重要，7为最不重要。当您跑步不足7天时，就从最大的数字(7)开始训练，逐渐降低数字级别。根据第7章的表格选择适宜自己的跑步时长和速度。将这些信息加入到每周训练计划中。

对于跑步速度有一些建议。在一些特殊的日子根据自己的感受选择适当的速度。没有必要总以最快的速度去跑步，坚持持久的运动比总是检测自己的跑速更重要。

变奏跑或往返跑计划可以从第三周开始，以5~6分钟慢跑和4×50米大步走作为热身运动，整理运动可以进行3~5分钟放松跑(参考第9章关于热身运动和整理运动的信息)。

某些星期您可选择往返跑或速度跑，其他时间也可以选择5~10千米兴趣跑。

在快速跑与等距离慢跑训练后，可以进行各种重复性训练(大踏步走、间歇跑、速度跑、赛前准备)，在各种训练间歇期都可进行4×400米快跑和400米跑和走交替运动，您如果选择新的间歇训练，跑步速度应该介于比常规间歇跑慢、比慢跑快的速度。

当跑步训练的目标是速度时，选择的速度应该是您的最大摄氧量再加2。例如现在最大摄氧量为50，您的目标速度应该是最大摄氧量为52。

由于马拉松跑非常长，恢复就更加重要。

“本质上，我们各个人都不相同。如果您想赢得些什么，请跑 100 米。如果您想丰富自己的经历，请跑马拉松。”

——艾米尔·查托派克

马拉松训练方案：第一周

日期	计划（优先级）	持续时间	速度	最大摄氧量百分比（%）
星期日	恢复（4）	1/2 最大时间	容易	50~60
星期一	稳定跑或加速和慢跑交替跑（1）	2/3 最大时间	SWS	75~85
星期二	恢复（5）	1/2 最大时间	容易	50~60
星期三	稳定跑或加速和慢跑交替跑（2）	2/3 最大时间	SWS	75~85
星期四	恢复（6）	1/2 最大时间	容易	50~60
星期五	稳定跑或加速和慢跑交替跑（3）	2/3 最大时间	SWS	75~85
星期六	恢复（7）	1/2 最大时间	容易	50~60

马拉松训练方案:第二周

日期	计划(优先级)	持续时间	速度	最大摄氧量百分比(%)
星期日	长距离跑(1)	最大时间	中速	60~70
星期一	恢复(4)	1/2 最大时间	容易	50~60
星期二	恢复(6)	1/2 最大时间	容易	50~60
星期三	比赛准备性跑步(3)	3×1mi	目标速度	90
星期四	恢复(5)	1/2 最大时间	容易	50~60
星期五	稳定跑或加速和慢跑交替跑(2)	2/3 最大时间+1min	SWS	75~85
星期六	速度(7)	5×100m	大强度	90~100

表现最佳的人们普遍具备这 4 个特征:

- 为目标投入全力
- 对自身能力很自信
- 能自我控制
- 勇于理智地冒险 *

* 来源:From Kriegal, R. and Kriegal, M. 1984. *The C Zone: Peak Performance Under Pressure*. New York: Anchor Press / Doubleday.

如果运动强度过大，您开始换气过量，可以套上纸袋进行呼吸。当换气过度时，排二氧化碳增多。用纸袋呼吸，可以将排除过多的二氧化碳再吸入体内，有助于恢复呼吸平衡。

马拉松训练方案：第三周

日期	计划（优先级）	持续时间	速度	最大摄氧量百分比（%）
星期日	长距离跑（1）	最大时间+5min	中速	60~70
星期一	恢复（5）	1/2 最大时间	容易	50~60
星期二	速度跑（4）	5×100m	大强度	90~100
星期三	稳定跑或加速和慢跑交替跑（3）	2/3 最大时间+2min	SWS	75~85
星期四	恢复（7）	1/2 最大时间	容易	50~60
星期五	恢复（6）	1/2 最大时间	容易	50~60
星期六	稳定跑或加速和慢跑交替跑（2）	1/2 最大时间	SWS	75~85

马拉松训练方案：第四周				
日期	计划(优先级)	持续时间	速度	最大摄氧量百分比(%)
星期日	恢复(4)	1/2 最大时间+2min	容易	50~60
星期一	稳定跑或加速和慢跑交替跑(1)	2/3 最大时间+3min	SWS	75~85
星期二	恢复(5)	1/2 最大时间+2min	容易	50~60
星期三	稳定跑或加速和慢跑交替跑(2)	2/3 最大时间+3min	SWS	75~85
星期四	恢复(6)	1/2 最大时间+2min	容易	50~60
星期五	稳定跑或加速和慢跑交替跑(3)	2/3 最大时间+3min	SWS	75~85
星期六	恢复(7)	1/2 最大时间+2min	容易	50~60

pH 值反映人体血液中的 H^+离子浓度，每 5.55 亿个水分子中含 1 个氢离子的 pH 值为 7.0，这是血液 pH 正常值。如果每 5.55 亿个水分子中有 10 个氢离子血液就呈酸性，如果每 5.55 亿个水分子中只含 0.1 个氢离子，血液就呈碱性。血液内稳态稳定是保持血液正常的过程，当运动超过 85% $\dot{V}O_2max$ 时，血液就变酸性，身体喜欢 pH 值正常的血液。

细胞应处于正常稳定的内环境，这叫做内环境稳态，克劳德·伯纳德在18世纪就提出了这个概念。他说，“所有的生命活动只有一个目的，就是保持一个相对稳定内环境。”任何干扰内环境稳定的活动都会引起使干扰回到稳态的代偿性活动反应，这是动态自我调节能力。

马拉松训练方案：第五周

日期	计划(优先级)	持续时间	速度	最大摄氧量百分比(%)
星期日	长距离跑(1)	最大时间+10min	中速	60~70
星期一	恢复(4)	1/2 最大时间+2min	容易	50~60
星期二	恢复(4)	1/2 最大时间+2min	容易	50~60
星期三	比赛准备性跑步(3)	4×1mi	目标速度	90
星期四	恢复(7)	1/2 最大时间+2min	容易	50~60
星期五	稳定跑或加速和慢跑交替跑(2)	2/3 最大时间+3min	SWS	75~85
星期六	速度(5)	6×100m	大强度	90~110

马拉松训练方案:第六周				
日期	计划(优先级)	持续时间	速度	最大摄氧量百分比(%)
星期日	长距离跑(1)	最大时间+15min	中速	60~70
星期一	恢复(6)	1/2 最大时间+2min	容易	50~60
星期二	速度(4)	6×100m	大强度	90~110
星期三	稳定跑或加速和慢跑交替跑(3)	2/3 最大时间+3min	SWS	75~85
星期四	恢复(7)	1/2 最大时间+2min	容易	50~60
星期五	恢复(5)	1/4 最大时间	容易	50~60
星期六	速度跑或往返跑(2)	1/2 最大时间	SWS-大强度	85~95

许多年前,我为一名越野滑雪运动员执教。有一天,她去商店买了两袋杂货,她轻松地提着它们跑回家。在路上她发现一个正在跑步的男子,在她前面不远,跑步姿势很糟糕,而且明显身上有疼痛的地方。出于好奇,她决定追上他,当超过他的那一刻,她发现他是一个前国家队受伤的跑步运动员。他应当休息使伤恢复,但是他还坚持跑步,导致步履越发蹒跚。

能量的转换只能在细胞内发生，因此保持细胞健康很重要。当我们吃垃圾食品，睡眠不足，久坐不动时，就没有注重细胞健康，因此它们就不会为我们很好地工作。

马拉松训练方案：第七周

日期	计划（优先级）	持续时间	速度	最大摄氧量百分比（%）
星期日	恢复（4）	1/2 最大时间+4min	容易	50~60
星期一	稳定跑或加速和慢跑交替跑（1）	2/3 最大时间+6min	SWS	75~85
星期二	恢复（5）	1/2 最大时间+4min	容易	50~60
星期三	稳定跑或加速和慢跑交替跑（2）	2/3 最大时间+6min	SWS	75~85
星期四	恢复（6）	1/2 最大时间+4min	容易	50~60
星期五	稳定跑或加速和慢跑交替跑（3）	2/3 最大时间+6min	SWS	75~85
星期六	恢复（7）	1/2 最大时间+4min	容易	50~60

马拉松训练方案:第八周				
日期	计划(优先级)	持续时间	速度	最大摄氧量百分比(%)
星期日	长距离跑(1)	最大时间+20min	中速	60~70
星期一	恢复(4)	1/2 最大时间+4min	容易	50~60
星期二	恢复(6)	1/2 最大时间+4min	容易	50~60
星期三	比赛准备性跑步(3)	5×1mi	目标速度	90
星期四	恢复(5)	1/2 最大时间+4min	容易	50~60
星期五	稳定跑或加速和慢跑交替跑(2)	2/3 最大时间+6min	SWS	75~85
星期六	速度(7)	6×150m	大强度	90~110

在一个艰难的马拉松比赛后,非常明智的做法是停训休息一个月。一位获得世界马拉松比赛亚军的美国运动员,在比赛完后就立即投入到训练中去,她的热情导致训练过度,结果她再也无法参加比赛。

最好不要养成每天都喝咖啡的习惯，因为您的身体会对咖啡因产生适应，那样，如果您想达到和以前同样的效果就需要喝更多的咖啡。如果您没有经常喝咖啡，在大强度训练前或比赛前 15 分钟喝一杯咖啡，将激发您的运动能力，并且不会违禁。

马拉松训练方案：第九周

日期	计划(优先级)	持续时间	速度	最大摄氧量百分比(%)
星期日	长距离跑(1)	最大时间+25min	中速	60~70
星期一	恢复(6)	1/2 最大时间+4min	容易	50~60
星期二	速度跑(4)	6×100 米	大强度	90~110
星期三	稳定跑或加速和慢跑交替跑(3)	2/3 最大时间+6min	SWS	75~85
星期四	恢复(7)	1/2 最大时间+4min	容易	50~60
星期五	稳定跑或加速和慢跑交替跑(5)	1/4 最大时间	容易	50~60
星期六	速度跑或往返跑(2)	1/2 最大时间	SWS-大强度	85~95

马拉松训练方案:第十周				
日期	计划(优先级)	持续时间	速度	最大摄氧量百分比(%)
星期日	恢复(4)	1/2 最大时间+6min	容易	50~60
星期一	稳定跑或加速和慢跑交替跑(1)	2/3 最大时间+8min	SWS	75~85
星期二	恢复(5)	1/2 最大时间+6min	容易	50~60
星期三	稳定跑或加速和慢跑交替(2)	2/3 最大时间+8min	SWS	75~85
星期四	恢复(6)	1/2 最大时间+6min	容易	50~60
星期五	稳定跑或加速和慢跑交替跑(3)	2/3 最大时间+8min	SWS	75~85
星期六	恢复(7)	1/2 最大时间+6min	容易	50~60

如果您了解每天的膳食对一整天的工作都很重要,那么当您在两餐间感觉饥饿时,您完全可以吃一些点心或其他甜食,这将会为您提供碳水化合物,因为持续训练时,身体需要充足的糖原储备。

对于健康的小食而言，需要混合饮食如坚果、干果和巧克力等。

马拉松训练方案：第十一周

日期	计划(优先级)	持续时间	速度	最大摄氧量百分比(%)
星期日	长距离跑(1)	最大时间+30min	中速	60~70
星期一	恢复(4)	1/2 最大时间+6min	容易	50~60
星期二	恢复(6)	1/2 最大时间+6mi	容易	50~60
星期三	比赛准备性跑步(3)	6×1mi	目标速度	90
星期四	恢复(5)	1/2 最大时间+6min	容易	50~60
星期五	稳定跑或加速和慢跑交替(2)	2/3 最大时间+6min	SWS	75~85
星期六	速度(7)	6×150m	大强度	90~110

马拉松训练方案:第十二周

日期	计划(优先级)	持续时间	速度	最大摄氧量百分比(%)
星期日	长距离跑(1)	最大时间+35min	中速	60~70
星期一	恢复(6)	1/2 最大时间+6min	容易	50~60
星期二	速度跑(4)	6×100m	大强度	90~110
星期三	稳定跑或加速和慢跑交替跑(3)	2/3 最大时间+8min	SWS	75~85
星期四	恢复(7)	1/2 最大时间+6min	容易	50~60
星期五	恢复(5)	1/4 最大时间	容易	50~60
星期六	稳定跑或加速和慢跑交替跑(2)	1/2 最大时间	SWS	75~85

如果在比赛前您有幸进行高原训练,应当进行一周的适应训练,在高原先以减少距离或降低速度跑步,然后正常训练 4 周半。如果您采用间歇跑或快速跑,可以用普通间歇跑同样的速度,然而距离缩短到原距离的 3/4。

每位在世界各地跑过马拉松的运动员，其中上千的人曾经边跑边倾听落叶和雨声，然后期盼自己有一天就像小鸟一样轻松飞过天空。

——乔治·希恩

马拉松训练方案：第十三周

日期	计划(优先级)	持续时间	速度	最大摄氧量百分比(%)
星期日	恢复(4)	1/2 最大时间+8min	容易	50~60
星期一	稳定跑或加速和慢跑交替跑(1)	2/3 最大时间+10min	SWS	75~85
星期二	恢复(5)	1/2 最大时间+8min	容易	50~60
星期三	稳定跑或加速和慢跑交替跑(2)	2/3 最大时间+10min	SWS	75~85
星期四	恢复(6)	1/2 最大时间+8min	容易	50~60
星期五	稳定跑或加速和慢跑交替跑(3)	2/3 最大时间+10min	SWS	75~85
星期六	恢复(7)	1/2 最大时间+8min	容易	50~60

马拉松训练方案：第十四周				
日期	计划(优先级)	持续时间	速度	最大摄氧量百分比(%)
星期日	长距离跑(1)	最大时间+40min	中速	60~70
星期一	恢复(4)	1/2 最大时间+8min	容易	50~60
星期二	恢复(6)	1/2 最大时间+8min	容易	50~60
星期三	比赛准备性跑步(3)	7×1mi	目标速度	90
星期四	恢复(5)	1/2 最大时间+8min	容易	50~60
星期五	稳定跑或加速和慢跑交替跑(2)	2/3 最大时间+10min	SWS	75~85
星期六	速度(7)	5×200m	大强度	90~110

在比赛时一定不要穿新鞋子。我知道有一位运动员，当他站在起跑线上时，穿上某公司新研发的鞋子，他完成了马拉松，但没有取得他应得的前三名名次，他的鞋子使他的脚太热并磨了个大水泡。当比赛结束时，他的教练不得不用剪刀剪开鞋底，因为他的鞋底与脚粘在一起。

许多天才运动员试图蜡烛两头燃，艰苦地大强度训练，又没有很好地恢复，阻止了他们更好地激发自身潜能。

马拉松训练方案：第十五周

日期	计划(优先级)	持续时间	速度	最大摄氧量百分比(%)
星期日	长距离跑(1)	最大时间+45min	中速	60~70
星期一	恢复(6)	1/2 最大时间+8min	容易	50~60
星期二	速度跑(4)	6×100m	大强度	90~110
星期三	稳定跑或加速和慢跑交替跑(3)	2/3 最大时间+10min	SWS	75~85
星期四	恢复(7)	1/2 最大时间+8min	容易	50~60
星期五	恢复(5)	1/4 最大时间	容易	50~60
星期六	稳定跑或加速和慢跑交替跑(2)	1/2 最大时间	SWS	75~85

马拉松训练方案:第十六周				
日期	计划(优先级)	持续时间	速度	最大摄氧量百分比(%)
星期日	恢复(4)	1/2 最大时间+10min	容易	50~60
星期一	稳定跑或加速和慢跑交替跑(1)	2/3 最大时间+12min	SWS	75~85
星期二	恢复(5)	1/2 最大时间+10min	容易	50~60
星期三	稳定跑或加速和慢跑交替跑(2)	1/2 最大时间+12min	SWS	75~85
星期四	恢复(6)	1/2 最大时间+10min	容易	50~60
星期五	稳定跑或加速和慢跑交替跑(3)	2/3 最大时间+12min	SWS	75~85
星期六	恢复(7)	1/2 最大时间+10min	容易	50~60

如果您想达到赛季目标,您必须集中精力,将该训练放到最高优先级。在世界锦标赛之前,一个奥林匹克运动员应邀参加了在加勒比的比赛。他在小路上开摩托车, 结果出了车祸,受了伤,整个余下的赛季他都没法参加比赛了。

一位第二天就要参加奥林匹克马拉松比赛的运动员被强烈地邀请出席一个赛前晚宴。她露了面，社交了一下，在吃饭之前就离开了，她来到一周前开始陪伴她的物理治疗师那里又做了一次理疗，她想为比赛做好所有力所能及的准备，最终她赢得了比赛。

马拉松训练方案：第十七周

日期	计划(优先级)	持续时间	速度	最大摄氧量百分比(%)
星期日	长距离跑(1)	最大时间+45min	中速	60~70
星期一	恢复(4)	1/2 最大时间+10min	容易	50~60
星期二	恢复(6)	1/2 最大时间+10min	容易	50~60
星期三	比赛准备性跑步(3)	8×1mi	目标速度	90
星期四	恢复(5)	1/2 最大时间+10min	容易	50~60
星期五	稳定跑或加速和慢跑交替跑步(2)	2/3 最大时间+12min	SWS	75~85
星期六	间歇或新间歇跑步训练(7)	6×200m	大强度	90~100

马拉松训练方案:第十八周

日期	计划(优先级)	持续时间	速度	最大摄氧量百分比(%)
星期日	长距离跑(1)	最大时间+50min	中速	60~70
星期一	恢复(6)	1/2 最大时间+10min	容易	50~60
星期二	速度(4)	8×100m	大强度	90~110
星期三	稳定跑或加速和慢跑交替跑(3)	2/3 最大时间+12min	SWS	75~85
星期四	恢复(7)	1/2 最大时间+10min	容易	50~60
星期五	恢复(5)	1/4 最大时间	容易	50~60
星期六	速度或往返跑(2)	1/2 最大时间	SWS-大强度	85~95

请记住汉斯·塞利和他的三阶段训练应激理论,第一是警觉期,这个时期是身体接受挑战与恢复时期;第二是适应期,由多个警觉期构成,可持续 11 个月;第三是衰竭期,意味着过度训练和体内能源消耗过多,需要休息。

诗歌、音乐、森林、海洋、荒漠能够给人巨大的精神力量。我逐渐认识到，比赛前保持足够的精神力量，甚至超过身体的潜能。

——海伯·艾略特

马拉松训练方案：第十九周

日期	计划（优先级）	持续时间	速度	最大摄氧量百分比（%）
星期日	恢复（4）	1/2 最大时间+12min	容易	50~60
星期一	稳定跑或加速和慢跑交替跑（1）	2/3 最大时间+14min	SWS	75~85
星期二	恢复（6）	1/2 最大时间+12min	容易	50~60
星期三	稳定跑或加速和慢跑交替跑（2）	2/3 最大时间+14min	SWS	75~85
星期四	恢复（6）	1/2 最大时间+12min	容易	50~60
星期五	稳定跑或加速和慢跑交替跑（3）	2/3 最大时间+14min	SWS	75~85
星期六	恢复（7）	1/2 最大时间+12min	容易	50~60

马拉松训练方案：第二十周

日期	计划(优先级)	持续时间	速度	最大摄氧量百分比(%)
星期日	长距离跑(1)	最大时间+55min	中速	60~70
星期一	恢复(4)	1/2 最大时间+12min	容易	50~60
星期二	恢复(6)	1/2 最大时间+12min	容易	50~60
星期三	赛前准备性跑步(3)	4×2mi	目标速度	90
星期四	恢复(5)	1/2 最大时间+12min	容易	50~60
星期五	稳定跑或加速和慢跑交替跑(2)	2/3 最大时间+14min	SWS	75~85
星期六	间歇或新间歇跑步训练方法(7)	6×200m	大强度	90~100

如果在比赛前半程担心自己的速度，那么请慢一点；如果在比赛后半程对此产生怀疑，那您就必须激进些。

我知道有一位非常优秀的跳远运动员，刚好与卡尔·刘易斯处于同一个时代。如果他不能打败刘易斯，任何人都不能。他试图挑战刘易斯，更重要的是他提高了自己并做到了最好。比赛中最重要的就是做到了自己最佳状态。

马拉松训练方案：第二十一周

日期	计划（优先级）	持续时间	速度	最大摄氧量百分比（%）
星期日	长距离跑（1）	最大时间+55min	中速	60~70
星期一	恢复（4）	1/2 最大时间+12min	容易	50~60
星期二	恢复（6）	1/2 最大时间+12min	容易	50~60
星期三	赛前准备性跑步（3）	4×2mi	目标速度	90
星期四	恢复（5）	1/2 最大时间+12min	容易	50~60
星期五	稳定跑或加速和慢跑交替跑（2）	2/3 最大时间+14min	SWS	75~85
星期六	间歇或新间歇跑训练方法（7）	6×200m	大强度	90~100

马拉松训练方案：第二十二周				
日期	计划(优先级)	持续时间	速度	最大摄氧量百分比(%)
星期日	恢复(4)	1/2 最大时间+8min	容易	50~60
星期一	稳定跑或加速和慢跑交替跑(1)	2/3 最大时间+8min	SWS	75~85
星期二	恢复(5)	1/2 最大时间+8min	容易	50~60
星期三	稳定跑或加速和慢跑交替跑(2)	2/3 最大时间+8min	SWS	75~85
星期四	恢复(6)	1/2 最大时间+8min	容易	50~60
星期五	稳定跑或加速和慢跑交替跑(3)	2/3 最大时间+8min	SWS	75~85
星期六	恢复(7)	1/2 最大时间+8min	容易	50~60

跑步有什么乐趣？为什么要付出那么多艰难、令人疲倦的努力？跑步能带给您什么？生活总是充满了这样绝妙的讽刺不是吗？那些经过了最艰苦的努力，进行了最严格的训练，仅仅为了一个目标就放弃了很多开心的事情，却是世上最快乐的人。

——布鲁托斯·汉密尔顿

在某些环境下,从一开始您就得激进些。有一年,美国马拉松奥运会选拔赛因为经济问题影响了选址,这对于每个运动员来说都非常困难,因为最后半程都是上坡道。有经验的运动员认为获得奥运会资格的唯一办法就是必须比平时更加努力并坚持下去。有一个运动员坚持下去,获得了第二名。由于这项比赛太难,没有运动员取得奥运会资格,只有第一名的运动员才能进入奥运会运动队。

几个月后,那个位列第二的运动员在奥林匹克选拔赛 10 000 米比赛获得了第四名,她只比第三名慢了 2 秒。几天后她又参加了 5000 米比赛,最后她有了不错的排名,进入了奥运团队,坚持终于得到了回报。

马拉松训练方案:第二十三周

日期	计划(优先级)	持续时间	速度	最大摄氧量百分比(%)
星期日	长距离跑(1)	最大时间+60min	中速	60~70
星期一	恢复(4)	1/2 最大时间+8min	容易	50~60
星期二	恢复(6)	1/2 最大时间+8min	容易	50~60
星期三	赛前准备性跑步(3)	4×2mi	目标速度	90
星期四	恢复(5)	1/2 最大时间+8min	容易	50~60
星期五	稳定跑或加速和慢跑交替跑(2)	2/3 最大时间+8min	SWS	75~85
星期六	间歇或新间歇跑训练方法(7)	6×200m	大强度	90~100

马拉松训练方案：第二十四周

日期	计划(优先级)	持续时间	速度	最大摄氧量百分比(%)
星期日	恢复(3)	1/2 最大时间+4min	容易	50~60
星期一	恢复(6)	1/2 最大时间+4min	容易	50~60
星期二	赛前准备性跑步(3)	6×1 英里	目标速度	90
星期三	恢复(4)	1/2 最大时间+4min	容易	50~60
星期四	赛前准备性跑步(2)	8×800 米	目标速度	90
星期五	恢复(5)	1/2 最大时间+4min	容易	50~60
星期六	恢复(7)	1/2 最大时间+4min	容易	50~60

葡萄糖是耐力的关键。如果消耗完了，机体不能有效地完成能量生成过程。因此，在比赛前储存更多的碳水化合物或在比赛过程中吃容易消化的食物或饮料，对马拉松比赛很有必要。

如果一周训练中感到力不从心，要立即休息，不要再做大强度训练。

马拉松训练方案：第二十五周

日期	计划（优先级）	持续时间	速度	最大摄氧量百分比（%）
星期日	长距离跑（1）	最大时间+30min	中速	60~70
星期一	恢复（4）	1/2 最大时间+4min	容易	50~60
星期二	间歇或新间歇跑训练方法（2）	12×400m	大强度	90~100
星期三	恢复（5）	1/2 最大时间+4min	容易	50~60
星期四	赛前准备性跑步（3）	3×1mi	目标速度	90
星期五	恢复（6）	1/2 最大时间	容易	50~60
星期六	恢复（7）	1/2 最大时间	容易	50~60

马拉松训练方案:第二十六周				
日期	计划(优先级)	持续时间	速度	最大摄氧量百分比(%)
星期日	稳定跑或加速和慢跑交替跑(2)	2/3 最大时间	SWS	75~85
星期一	恢复(4)	1/2 最大时间	容易	50~60
星期二	恢复(7)	1/2 最大时间	容易	50~60
星期三	速度(3)	6×100m	大强度	90~110
星期四	恢复(5)	1/4 最大时间	容易	50~60
星期五	恢复(6)	1/4 最大时间	容易	50~60
星期六	比赛(1)	马拉松	目标速度	90

如果取得了比赛的成功，就尽情地庆祝和享受吧！不要立刻关注下一次比赛，这是非常错误的做法。成功的比赛路程越长，就需要休息、放松更长的时间！

17

赛后与损伤后恢复性训练方案

在整个跑步训练计划中，不一定总是在一个上升的路线上。就像您向山顶爬去时，路途中总是要经过峡谷地带一样。

低谷时期不是计划之中的事，通常都是因为受伤或生病所致，或者是由于个人原因，或有其他事与训练计划冲突所致。在重大比赛后，或一个艰苦的大强度训练季后，您也可以有意识地安排低强度的恢复期。这一章将讲述如何走出训练低谷。

赛后恢复

比赛非常艰苦，它是挑战、激发和兴奋的过程。但是参加这种群体性的比赛很容易使您比平时单人训练时要用力更多，因此赛后需要恢复。跑的距离越长，付出努力越多，需要恢复的时间也越长。例如，跑完5000米，几天就能恢复，而若跑完马拉松后，您会觉得好多天都全身酸痛。

我还不能确切地说出比赛后恢复的特定方案，因为这取决于比赛的距离，就如人们不能给出运动损伤后具体的恢复训练计划一样。但我可以告诉您运动员通过三个阶段恢复程度预测恢复情况。一个常用方法就是Foster计算公式（以新西兰传奇马拉松运动员杰克·福斯特命名），即一英里比赛需要一天的恢复时间。例如，如果您进行了10千米（约6.2英里），您就需要一周的时间来恢复。如果您跑了马拉松（42千米或26.2英里），大约需要一个月来恢复。这并不是说在这个阶段就不需要跑步了，但必须避免长时间或高强度的训练和比赛。利用水的浮力进行水中慢跑，对于恢复是一个非常好的选择。

对于初学跑步运动员或老年运动员来说，一千米需要一天来恢复，如此计算，10千米的比赛需要10天来恢复，马拉松比赛则需要7周的时间来恢复。

无论是一英里比赛一天恢复时间，还是一千米比赛需要一天的恢复时间，都是为了在全力比赛后身体恢复，重新回到正常的状态，每一个阶段都需要比之前更多的恢复时间。

第一阶段：肌肉酸痛阶段

比赛后第二天会出现肌肉酸痛，而且在第三或第四天更加酸痛，这种现象叫肌肉延迟性疼痛(或 DOMS)，这种情况一般在比赛后 48~72 小时到达顶点。此时不要再跑步，因为已经酸痛后再过度训练可寻致损伤。如果您想保持活动，选择一些其他方式，如游泳或水中慢跑，这些运动能帮助您加速恢复。

第二阶段：疲劳阶段

此阶段虽然没有什么疼痛，但自己总感觉到疲倦和精力不足。长跑比赛后，也许您比平时更想多吃、喝些或更想睡觉。这些都是身体仍然在恢复的信号，放纵自己，做些放松跑、或进行一些交叉训练即可。

第三阶段：倦怠阶段

此时，您身体感觉良好，但头脑仍不在状态。跑步训练时兴奋不起来，也没有动力尝试下一次比赛。马拉松选手称这种情况为**马拉松后蓝色综合征**。这是正常的，也是必要的，是大脑对身体的保护措施，迫使您花充分时间保障体力恢复。当您忘记了这些艰难比赛的感觉时，就具备了进入下一个训练季，或以全新的状态投入到另一个较长的训练比赛周期中去的条件了。

损伤后恢复

大多数跑步损伤都与生物力学因素或训练不当有关,罕见的意外也有,如跑步掉到洞里或被狗咬伤等意外事故。跑的距离越长、越快或超过自己身体的把控能力越大越容易致伤。有时也因为在跑步训练过程中,饮食不当或没有休息而造成损伤,它们导致身体功能下降,这是一个坏消息。

好消息就是如果发现得早,很少有严重的损伤,并且通过适当的调整很快就能恢复。我也不能提供具体的损伤后康复训练计划,因为损伤的程度和恢复速度在每个跑步者之间差异较大,损伤的原因也多种多样。我所能给出的就是列出来从损伤到恢复正常训练的指导原则。

密加关注身体发出的信号,接受疼痛的信息就像接受一位忠实朋友的忠告一样,它会告诉您哪些能做,哪些不能做。欲速则不达。下面列出的损伤阶段引自 Joe Henderson 所著《跑步 101 问》(*Running 101*, Human Kinetics,2000)。如果是从伤病中恢复,将"疲劳"一词替换为"疼痛",并从第二个阶段开始。

第一阶段:步行时疼痛,不能跑步。平时训练时应该做骑自行车、游泳或水中慢跑运动。这些运动对大多数损伤是减重的,没有重力影响,但仍可为之提供训练,以保持体力。

第二阶段:步行时仍有些疼痛,还不能跑步。此期可以开始步行,如果步行时没有跛行了,步行时间可以达到与跑步训练时间相似的程度。逐渐增加步行距离,同时保持疼痛程度最低(该训练要求适用于恢复的各个阶段)。

第三阶段:能够轻松步行,可以少量练习跑步。当能够轻松步行时,可以进行一些间歇性慢跑,开始时可以跑 1 分钟和步行 5 分钟,渐渐延长跑步的时间,直到下一个阶段。

第四阶段:跑步时没有疼痛,但仍有一些不舒服。用跑走交替来平衡疼痛与跑步间的关系。在这一阶段如果出现疼痛,要在跑步训练期间加入步行锻炼内容,以免加重疼痛。

第五阶段:伤痛痊愈,重新开始跑步训练。此期跑步训练时,每次开始时要小心些,多慢跑一小会儿,因为需要重新获得失去的体力。在可以舒服地短距离慢跑训练前,一定要比正常跑步训练跑的慢一点,不要进行长距离或尽最大速度去跑,也不要上山跑和参加比赛。

经过了这五个阶段的恢复性训练,您才可以恢复到正常训练和比赛,如果您找到了引起损伤的原因,接受教训,将来训练就会变得更加明智。

疾病后恢复

生病后也需要恢复才能进行跑步训练,生病时经常伴有发烧。有些人说发低烧可以进行训练。我不这么认为,让我们的身体集中所有的资源与发烧对抗,这样才是最有效的恢复方法。如果发烧时还跑步,就会消耗身体过多能量,分散了抵抗疾病的能力。也许刚跑完时觉得好了一点,但在跑步的时候,免疫系统再一次受到攻击,会延长生病的时间。对此,恢复的首要原则是觉得身体恢复了,再休息一天或几天之后再去训练。

如果因病只休息了几天,可以按照既定计划去训练的本来进度,跳过休息的那两天就行。如果生病超过一两个星期,最好从落下的原来计划处开始,如果缺席两周,就从两周前的进度开始。

如果因病停止训练, 您可以将原来训练计划修正后进行训练, 直到比赛前两周,然后按比赛前两周的计划进行训练。换句话说,比赛前两周的训练计划必须按原来的训练计划进行。

人的身体总是不断地发出信息告诉您的感觉,关注这些信息,会使您的跑步更加安全和满意。坚持科学地跑步训练,您将收获这项美好又自然的运动所带来的巨大身心收益。